1
COUPE

10
robes

♥ Robe Amélie, page 96

— LAURA HERTEL

1

COUPE

10

robes

Glénat *créatif*

DIFFÉRENTS
MODÈLES
EN 1 SEULE
COUPE !

PRÉFACE

Lorsque j'ai commencé à coudre, je rêvais de posséder un patron de base simple et bien coupé qui me permettrait de réaliser un large éventail de vêtements. Je n'en ai trouvé aucun et me suis sentie dépassée par tout ce qui relevait de la conception. J'ai enchaîné les patrons et n'ai eu de cesse de les modifier en fonction de ma taille et de ma silhouette. Quel travail astreignant !

Plus de dix années se sont écoulées depuis mes débuts en couture. Entre-temps, j'ai suivi des cours de couture, étudié le stylisme et ouvert un magasin spécialisé de robes de mariée. Et je dois vous avouer quelque chose : aujourd'hui, je me sers d'un seul patron de base dans différentes dimensions pour coudre les diverses robes que me commandent mes clientes !

J'aimerais que vous puissiez également coudre les robes de vos rêves. Ce livre, qui contient un patron de base et dix modèles de robes réalisées à partir de ce même patron, sera une source d'inspiration. Le grand avantage de cet ouvrage est que vous n'avez pas besoin d'être une experte dans l'élaboration de patrons pour coudre les robes proposées. En effet, vous trouverez toutes les combinaisons de coupes, sans exception, dans l'enveloppe jointe à la fin de ce livre. Si vous souhaitez mettre en œuvre vos propres idées, vous pouvez librement combiner les différentes pièces. Les possibilités sont quasiment infinies.

Pour que vous ne vous sentiez pas perdue, je vous accompagnerai dans toutes les étapes de création de votre robe – comme une bonne amie, je regarderai par-dessus votre épaule et vous aiderai dès que je le pourrai.

Alors, qu'attendez-vous ? À vos ciseaux, c'est parti !

Laura

22

111

LES BASES

TECHNIQUES DE BASE

55

66

84

100

164

LES PROJETS

72

LES BASES

Tout ce que vous devez
savoir sur la couture

TISSUS, FILS...

*Fils, mercerie et tissus
dont vous raffolez*

LES TISSUS

Il existe autant de tissus avec lesquels sont conçus nos vêtements que d'hommes sur Terre. Une fois que vous vous serez familiarisée avec les fibres basiques dont se composent les tissus, vous constaterez que vous utilisez encore et toujours le même nécessaire de couture.

Les tissus se différencient par leur type de fabrication – par exemple tissage ou tricot – et par leurs proportions de mélange. Des fibres naturelles sont ainsi souvent ajoutées aux fibres synthétiques pour améliorer la résistance et les propriétés d'entretien, entre autres pour laver le linge en machine ou empêcher qu'il ne se froisse.

FIBRES NATURELLES

Les fibres naturelles sont d'origine naturelle et fabriquées à partir de fibres végétales ou de poils d'animaux. Font partie des fibres végétales le coton, le lin, le jute, le chanvre, le sisal et le coco. Font partie des fibres animales la laine de mouton, de lama, de lapin angora (angora) et de chèvre angora (mohair). La soie ainsi que les poils de chameau et le crin sont également considérés comme des fibres naturelles.

FIBRES SYNTHÉTIQUES

Les fibres synthétiques sont en revanche fabriquées à partir de pétrole. Font partie de cette catégorie le polyester, le polyamide, le polyacrylate, l'élasthanne – également désigné comme le Lycra – ainsi que le polychlorure. En général, on utilise des fibres synthétiques à base de cellulose ou bien d'une matière première végétale, qui sont toutefois filées par réaction chimique. La viscose, le modal, le cupro, l'acétate et le triacétate appartiennent à cette catégorie. Ces matières s'apparentent aux fibres naturelles en ce qui concerne leurs propriétés d'entretien et de confort.

TYPES D'ARMURES

Chaque armure possède ses propriétés. Les tissus tricotés se composent de mailles et se relâchent au mouvement. Les tissus en armure toile ou en armure croisée sont plus raides tandis que les tissus en armure atlas (ou satin) sont plus souples et ont un bel aspect brillant, mais sont également moins résistants.

CHOIX DU TISSU

Choisir le tissu qui convient le mieux pour concevoir un vêtement dépend de différents facteurs. Le confort est bien évidemment important. Ainsi, un tissu se composant majoritairement de fibres naturelles procure généralement une sensation plus agréable sur la peau parce qu'il absorbe plus d'humidité et s'adapte à la température du corps. Un tricot ou un tissu tissé avec de l'élasthanne est plus confortable et offre plus de liberté de mouvement, mais nécessite la plupart du temps aussi un traitement différent parce que les coutures doivent pouvoir s'étirer pour ne pas lâcher.

Lorsque vous choisissez un tissu, il est également important de prendre en compte son tombé et son poids. Si vous

Fermeture Éclair
invisible

Entoilages non-tissés

Boutons trouvés au
marché aux puces

Fil à tout faire

Fil pour jean

Tricot

Textile :
armure atlas

Textile :
armure toile

Textile :
armure croisée

Dentelle

prenez un tissu croisé en coton solide pour faire un vêtement d'été léger et fluide, vous serez probablement déçue. En revanche, des coupes très serrées procurent généralement un meilleur effet avec des tissus robustes. Avec le temps, vous vous ferez une meilleure idée du tissu qui convient le mieux à tel ou tel vêtement. Si vous avez encore des doutes, les conseils en matière de tissus que je vous donne pour les différents vêtements ou ceux des vendeuses compétentes vous seront sûrement d'un grand secours.

ENTOILAGES

Si vous souhaitez renforcer différents éléments, comme les cols ou les parmentures, et empêcher qu'ils ne s'étirent lorsque vous cousez, il vous faudra utiliser des entoilages. Ces derniers se composent majoritairement de non-tissé et se repassent facilement sur l'envers du tissu. Il n'y a rien de plus fâcheux qu'un entoilage qui se décolle au lavage, veillez donc à respecter les instructions du fabricant sur ce point. Vous les trouverez généralement sur le bord du tissu.

ENDROIT ET ENVERS DU TISSU

Endroit ou envers ? L'endroit du tissu, à savoir le joli côté, est facilement reconnaissable car le tissu est plus brillant et la structure ou le motif ressort mieux. Si vous n'êtes pas sûre du côté à utiliser, choisissez simplement le côté qui vous plaît le plus et marquez l'envers du tissu, à savoir le côté le moins joli, de quelques coups de craie de façon à ne pas confondre les deux côtés lorsque vous coudrez plus tard.

TROUVER LE DROIT FIL

La plupart du temps, le tissu doit être coupé dans le sens du droit fil, parallèlement à la lisière. Si celle-ci – à savoir le bord comportant des trous occasionnés lors du tissage – est encore présente, vous repérerez alors facilement le droit fil. Si vous travaillez avec des chutes de tissus ou que vous avez déjà coupé la lisière, il existe différentes possibilités de trouver le droit fil. Pour tous les tissus extensibles, il vous suffit de procéder à une simple vérification. Prenez le tissu dans votre main et étirez-le dans les deux directions. Le côté qui est le plus tendu et qui se déforme également le moins suit la direction du droit fil. Le motif constitue un autre point de repère. Le droit fil suit la même direction que le motif. Pour le velours côtelé, le droit fil est parallèle aux rainures.

Pour les tissus composés de petits poils (par exemple, le velours), vous trouverez le droit fil en passant votre main dessus. Dans une direction, les fibres se relèvent et se hérissent, tandis que dans l'autre elles s'aplatissent. Il s'agit du sens du poil, qui est généralement le même que le droit fil.

> ### Conseil
> Lavez le tissu avant de coudre. Vous éviterez ainsi les mauvaises surprises, au cas où ce dernier rétrécisse au lavage.

LES FILS

Pour concevoir les vêtements de ce livre, vous pouvez choisir un fil à coudre assorti au tissu choisi, sauf si vous souhaitez créer un contraste, par exemple pour une piqûre d'ornementation. Choisissez une couleur plus sombre lorsque vous n'arrivez pas à vous décider entre deux couleurs de fil.

FIL À TOUT FAIRE

Pour la plupart des projets, un fil à coudre en polyester grosseur 100, ledit « fil à tout faire », constitue un choix optimal. Il se travaille très facilement, ne s'effiloche pas et ne rétrécit pas au lavage. Vous pouvez non seulement l'utiliser pour coudre, mais aussi pour surfiler des coutures ou coudre des coutures élastiques – peu importe si vous réalisez un point zigzag ou utilisez une surjeteuse.

FIL À COUDRE GROSSEUR 50

Pour la jupe à bavette, vous avez en outre besoin d'un fil à coudre plus épais (grosseur 50). Ce dernier n'est pas utilisé pour la couture à proprement parler, mais uniquement pour réaliser une surpiqûre visible de l'extérieur. La grosseur supérieure du fil crée un bel effet et une piqûre d'ornementation bien visible.

FIL DE FAUFILAGE

Le fil de faufilage est un peu passé de mode, mais reste encore très pratique pour fixer temporairement des coutures à la main, par exemple lorsque vous souhaitez contrôler un tracé de couture ou la longueur de l'ourlet avant de coudre définitivement la couture à la machine. Les fils de faufilage sont généralement moins résistants et se retirent donc facilement.

Conseil

Veillez à utiliser des fils de bonne qualité. Il n'y a rien de plus agaçant qu'un fil qui ne cesse de se casser lorsque vous cousez ou qui rétrécit au lavage. Ne jetez toutefois pas les fils à coudre de grosseur 50 de moins bonne qualité que vous avez, car ils pourraient très bien convenir pour réaliser des coutures de surfilage.

LE MATÉRIEL

Vos outils de couture au quotidien

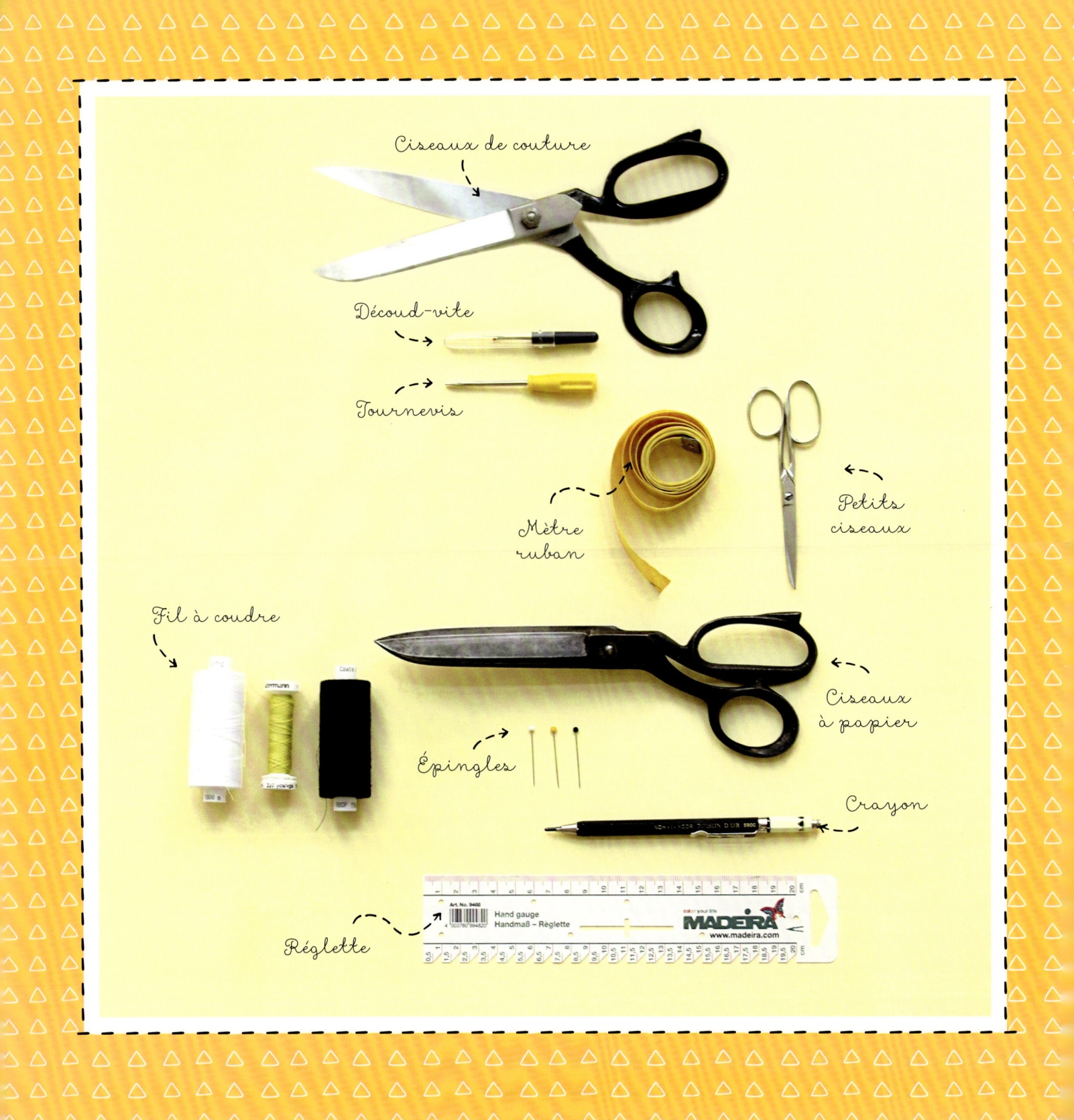

Ciseaux de couture

Découd-vite

Tournevis

Mètre ruban

Petits ciseaux

Fil à coudre

Ciseaux à papier

Épingles

Crayon

Réglette

L'ÉQUIPEMENT DE BASE

Apprenez-en plus sur l'équipement de couture dont vous avez absolument besoin, de la machine à coudre au pied-de-biche en passant par la réglette et les aiguilles de machine à coudre.

MACHINE À COUDRE

Sans machine à coudre, vous ne pouvez tout simplement rien faire ! Si vous ne possédez pas (encore) de machine à coudre, empruntez-en une à un(e) ami(e) ou recherchez-en une d'occasion. Le plus important est que vous puissiez coudre de façon fiable les tissus les plus variés. Le plus souvent, vous utiliserez le point droit dans différentes longueurs de point ainsi que le point zigzag ou de surfilage.

SURJETEUSE

Il n'est pas obligatoire de posséder une surjeteuse, mais cette dernière constitue un formidable atout. Grâce à cette machine spéciale, vous pouvez surfiler les marges de couture à la perfection et coudre et border des matières élastiques en un seul passage. Pour commencer, le point zigzag peut aussi être réalisé avec une machine à coudre basique, mais, si vous souhaitez que vos vêtements présentent un aspect professionnel, vous serez un jour ou l'autre amenée à vous procurer une surjeteuse.

TABLE À REPASSER ET FER À REPASSER À VAPEUR

Vous n'échapperez pas longtemps au repassage si vous souhaitez que vos coutures et petites pièces, comme les cols ou les ceintures, soient encore plus esthétiques. Il est préférable d'opter pour un fer à repasser à vapeur pour que les tissus en fibre naturelle soient toujours bien plats.

CISEAUX

Votre équipement de base doit comprendre trois paires de ciseaux : une paire pour le papier, une grande paire pour couper les tissus et une petite paire pour couper les fils et effectuer des travaux de précision. Vous avez probablement déjà entendu qu'il ne faut jamais couper de papier avec des ciseaux de couture, mais je le répète encore une fois ici : vos ciseaux vous diront merci !

MÈTRE RUBAN

Lorsque je travaille dans mon atelier, un mètre ruban est en permanence suspendu autour de mon cou. Le mètre ruban fait tellement partie intégrante de mon équipement de travail que je remarque parfois à peine en rentrant à la maison que j'ai oublié de le retirer. Vous n'en aurez pas seulement besoin pour prendre vos mensurations, mais également pour vérifier si un patron correspond à votre taille, et pour bien d'autres choses encore.

RÉGLETTE

Une réglette est l'outil idéal pour marquer les boutonnières. Le mètre ruban vous permet certes de mieux marquer les distances, mais la réglette convient parfaitement pour déterminer l'angle parfait par rapport au bord du tissu en cas de boutonnières transversales.

CRAIES DE TAILLEUR/CRAYONS DE CRAIE

Vous aurez besoin d'une craie de tailleur pour marquer une ligne de couture, des pinces, des boutonnières et des poches. Les crayons de craie conviennent également parfaitement pour effectuer des marquages précis. Il existe également des crayons dont l'encre disparaît après un certain temps. Ces derniers sont toutefois moins adaptés pour des projets sur le long terme. Par ailleurs, il est également possible, la plupart du temps, d'enlever à la brosse ou de laver les marquages réalisés avec une craie de tailleur ou un crayon de craie.

PAPIER-CALQUE ET MOLETTE

Si vous souhaitez reproduire des marquages sur la couche de tissu inférieure ou sur l'autre côté du tissu, utilisez de préférence du papier-calque. Disposez-le sous le tissu face vers le haut – passez la molette à un endroit précis, la couleur s'appliquera alors sur le tissu.

POIDS

Lorsque vous coupez des tissus solides, l'utilisation de poids vous sera extrêmement utile. J'ai tout un éventail de bocaux contenant de vieux boutons dans mon atelier que j'utilise pour maintenir des patrons sur le tissu. Vous pouvez néanmoins aussi acheter des poids ou utiliser d'autres objets, comme des tasses ou des clés en céramique.

ÉPINGLES

Si vous devez couper des tissus délicats, fixez les pièces de patron avec des épingles. Elles constituent également un outil formidable pour empêcher les différentes couches de se déplacer en cas de longues coutures.

AIGUILLES DE MACHINE À COUDRE

Vous le savez probablement, vous avez besoin de différentes aiguilles suivant les tissus que vous utilisez. Si votre machine à coudre ne fonctionne pas, le problème vient souvent du fait que vous utilisez une mauvaise aiguille (deuxième cause principale : le fil est mal enfilé). J'utilise principalement les grosseurs 70 à 100 : 70 pour les tissus plus délicats, 80 et 90 pour les tissus semi-rigides et 100 pour les tissus rigides. En général, votre aiguille doit être résistante afin de pénétrer facilement dans le tissu tout en ne laissant aucun trou visible. Pour les tissus élastiques, vous devez utiliser des aiguilles spécial jersey avec un bout arrondi.

AIGUILLES À COUDRE

Même au XXIe siècle, il n'est pas possible d'échapper au travail à la main. Vous aurez moins de difficulté à coudre des boutons à la main (et ils seront plus résistants !) et vous ne parviendrez à arranger un ourlet invisible qu'à la main. J'aime beaucoup les longues et fines aiguilles à coudre à tête lisse, qui s'insèrent facilement dans le tissu sans qu'il ne soit nécessaire d'utiliser un dé à coudre. À propos du dé à coudre : vous pouvez vous en servir quand bon vous semble – j'en utilise toutefois rarement un.

PIEDS-DE-BICHE

Pour le point zigzag et les coutures en point droit, vous pouvez utiliser un pied-de-biche universel. Pour coudre des fermetures Éclair invisibles, vous aurez besoin d'un pied-de-biche spécial pour fermer la couture, à savoir un demi-pied-de-biche. Pour la plupart des machines à coudre modernes, les boutonnières sont également confectionnées avec un pied-de-biche spécial uniquement.

Papier-calque

Molette pour papier

Pied-de-biche pour boutonnière

Pied-de-biche

Craies de tailleur

Aiguilles à coudre

Épingles

Dé à coudre

Crayons de craie

Aiguilles de machine à coudre

LES TECHNIQUES

Manipulations et techniques
dont vous vous servirez toujours

Sélecteur de tension

Porte-bobine

brother

Anniversary

Levier
compensateur
de fil

Sélecteur de tension supérieur

Guide-fil

Levier
presse-tissu

Œillet

LA MACHINE À COUDRE

Chaque machine à coudre a ses propres particularités et, si vous recherchez un réglage en particulier, vous trouverez très certainement votre bonheur dans la notice d'utilisation de votre machine. Néanmoins, quelques fonctions de base sont communes à presque chaque modèle.

INSERTION DE L'AIGUILLE

Pour insérer une aiguille avant de commencer un nouveau projet ou si l'aiguille se casse, éteignez votre machine à coudre et dévissez la vis de serrage à la main ou à l'aide d'un tournevis afin de retirer l'ancienne aiguille ou l'aiguille endommagée. Introduisez ensuite la nouvelle aiguille dans la tige (fig. 1). L'arrière de l'aiguille est reconnaissable grâce à sa longue rainure. Insérez-la aussi loin que possible et resserrez la vis.

INSERTION DU PIED-DE-BICHE

Pour la plupart des machines à coudre domestiques modernes, il n'est plus nécessaire d'utiliser un tournevis pour changer le pied. Soulevez d'abord le pied avec le levier presse-tissu, puis activez le petit levier à l'arrière du support pour dévisser le pied presseur (fig. 2). Placez le nouveau pied-de-biche juste en dessous du support et abaissez

lentement ce dernier avec le levier presse-tissu. Le pied s'insère en émettant un clic.

ENFILAGE DE LA MACHINE

Il est important de savoir comment enfiler sa machine à coudre. Si l'aiguille fait sauter les points ou si le fil s'emmêle, le problème vient souvent du fait que le fil n'est pas correctement enfilé. Pour la plupart des machines à coudre, il convient de procéder comme suit : placez la bobine de fil sur le porte-bobine. Guidez le fil vers le bas à travers le sélecteur de tension et le sélecteur de tension supérieur, puis guidez à nouveau le fil vers le haut à travers le guide-fil, et enfin de droite à gauche à travers le levier compensateur de fil. Au-dessus de l'aiguille se trouve un petit œillet. Insérez le fil dans ce dernier, puis de l'avant vers l'arrière dans l'aiguille.

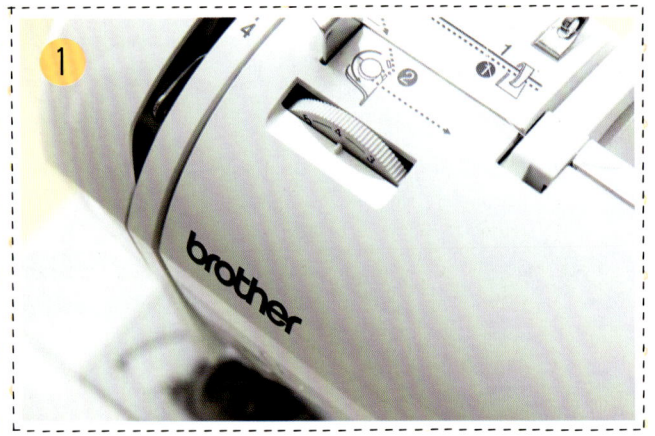

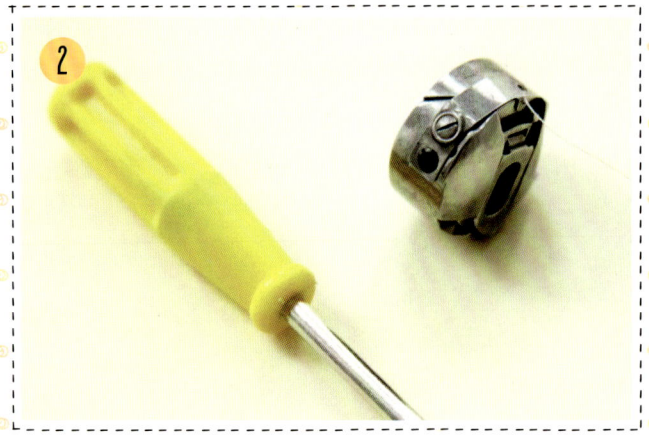

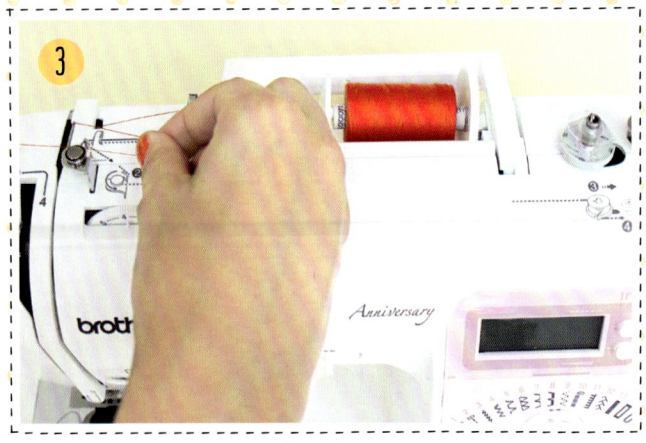

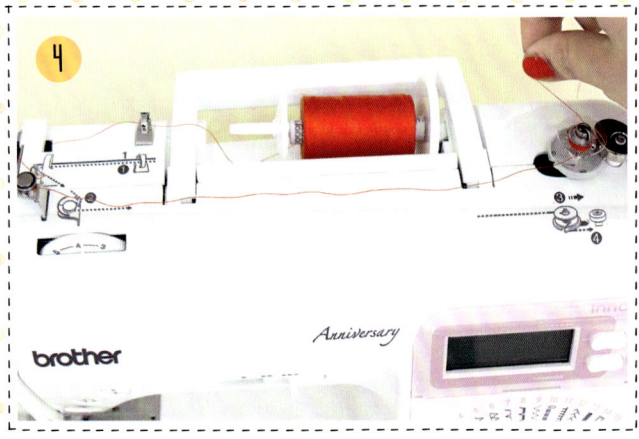

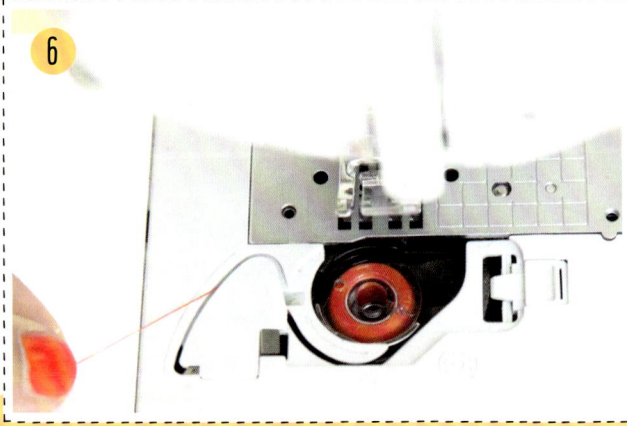

RÉGLAGE DE LA TENSION DU FIL SUPÉRIEUR

La plage normale dans laquelle doit généralement être réglée la tension du fil – souvent entre 3 et 5 – est entourée ou marquée d'une quelconque façon sur la plupart des machines à coudre (fig. 1). Si le fil d'aiguille s'avère trop lâche lorsque vous cousez, vous pouvez augmenter la tension en choisissant un chiffre supérieur sur la molette correspondante. Si le fil d'aiguille est en revanche trop tendu, vous pouvez relâcher un peu la tension en choisissant un chiffre inférieur sur cette même molette.

RÉGLAGE DE LA TENSION DU FIL INFÉRIEUR

Si, malgré une tension du fil supérieur correctement réglée, le fil sur la partie inférieure est trop lâche ou trop tendu, vous devez régler la tension du fil inférieur. Généralement, cela vient du fait que la petite vis sur la boîte à canette (fig. 2) est soit trop serrée soit un peu desserrée.

BOBINAGE DU FIL DE CANETTE

Pour le bobinage du fil de canette, placez la bobine de fil comme d'habitude sur le porte-bobine et une bobine vide sur le bobinoir. Guidez le fil tout d'abord vers la gauche, une fois autour du dispositif de prétension de bobinage et de nouveau vers la droite (fig. 3). Enroulez le fil plusieurs fois dans le sens des aiguilles d'une montre autour de la bobine et attachez solidement l'extrémité du fil (fig. 4). Puis commencez le bobinage en déplaçant la bobine vers la droite et en appuyant doucement sur la pédale. Le fil doit désormais s'enrouler automatiquement autour de la bobine. Pour la plupart des machines, ce processus s'arrête automatiquement dès que la bobine est pleine.

INSERTION DU FIL DE CANETTE

Retirez dans un premier temps la boîte à canette de la machine tout en desserrant le petit joint. Puis insérez la bobine dans la boîte. Si vous tirez doucement sur le fil, la bobine doit tourner vers la droite. Enfilez le fil à travers le guide-fil comme indiqué et, le cas échéant, à travers le petit chas sur la boîte à canette (fig. 5). Ensuite, insérez à nouveau la boîte à canette dans la machine à coudre en activant et desserrant le petit joint. Si la boîte à canette est disposée à plat dans la machine à coudre, laissez-la ainsi de sorte que l'extrémité du fil se dirige vers la gauche, puis guidez le fil à travers la rainure (fig. 6).

Pour faire venir le fil de canette vers le haut, tournez doucement le volant et maintenez fixement l'extrémité du fil d'aiguille. Si vous acheminez le fil vers le bas à l'aide du volant, puis vers le haut, vous devez légèrement tirer sur le fil d'aiguille – ce dernier doit être croisé avec le fil de canette – et acheminer ce dernier vers le haut.

> ### Conseil
>
> Avant de commencer à coudre, contrôlez toujours si la boîte à canette contient encore assez de fil. Il n'y a rien de plus énervant que de découvrir trop tard que nous sommes à court de fil et que nous avons uniquement réalisé des passants et des trous, et non pas une vraie couture !

COUDRE ET SURFILER

Ou bien surfiler et coudre. Pour que le tissu ne s'effiloche pas sur les bords, vous devez protéger les bords ouverts. Il existe pour cela différentes possibilités, selon la machine à coudre que vous possédez et les points dont cette dernière dispose.

FAIRE UN POINT D'ARRÊT

Peu importe ce que vous cousez, en principe, il convient de commencer et de terminer chaque couture en faisant quelques points d'arrêt (fig. 1). Pour cela, procédez comme suit : cousez environ trois points en avant au début de la couture, activez la touche de retour en arrière pour surfiler les points réalisés, puis continuez à coudre comme d'habitude.

Arrêtez-vous seulement lorsque vous avez cousu jusqu'à l'extrémité du tissu ou à l'endroit souhaité. Ensuite, cousez quelques points à l'aide de la touche de retour en arrière, puis cousez de nouveau sur les points existants jusqu'à l'extrémité du tissu (fig. 2). Soulevez ensuite le pied-de-biche avec le levier presse-tissu. À l'aide de la main droite, déplacez doucement le volant d'avant en arrière pour relâcher un peu le fil tout en retirant le tissu de la machine à coudre avec la main gauche. Vous pouvez alors couper les extrémités du fil.

En cas de couture zigzag, cousez quelques points inversés au début et à la fin. Pour les coutures overlock, il n'est pas nécessaire de réaliser des coutures en marche arrière. Il est possible de protéger l'extrémité de la couture en enfilant tous les fils dans une aiguille à coudre à grand chas et d'enfoncer l'aiguille plusieurs fois dans le tissu (fig. 3). Si vous devez coudre une pièce arrondie, comme sur la couture d'une manche, réalisez encore une fois quelques points sur les premiers points, coupez généreusement les fils et tirez un peu dessus pour que les points se nouent. Enfin, coupez au ras les extrémités des fils.

REPASSAGE

On dit souvent qu'un bon repassage facilite la couture et, même si cette expression est de prime abord synonyme d'ennui (qui aime repasser ?), elle est en grande partie vraie. Lorsque vous cousez, vous devez toujours garder à proximité votre planche à repasser et votre fer à repasser à vapeur, branché de préférence, pour pouvoir repasser les coutures à plat de temps en temps (fig. 4). En principe, il existe deux façons de repasser les coutures : en les ouvrant ou l'une sur l'autre d'un côté. La méthode que vous choisirez dépendra aussi de savoir si vous surfilez les marges de couture ensemble ou séparément.

SURFILAGE DES MARGES DE COUTURE

La plupart du temps, vous devez surfiler séparément les marges de couture des coutures dans lesquelles sera cousue ultérieurement une fermeture Éclair par exemple, mais également les coutures des côtés, des épaules et des manches en cas de tissus non élastiques. Pour qu'elles soient bien lisses, vous devez ouvrir les marges de couture au fer après les avoir cousues (fig. 5).

Il est également possible de surfiler ensemble les marges de couture et de les repasser sur un côté. Vous pouvez utiliser cette technique pour les coutures de manches par exemple (fig. 6). Après le surfilage, repassez délicatement les marges de couture en direction de la manche, sans les aplatir.

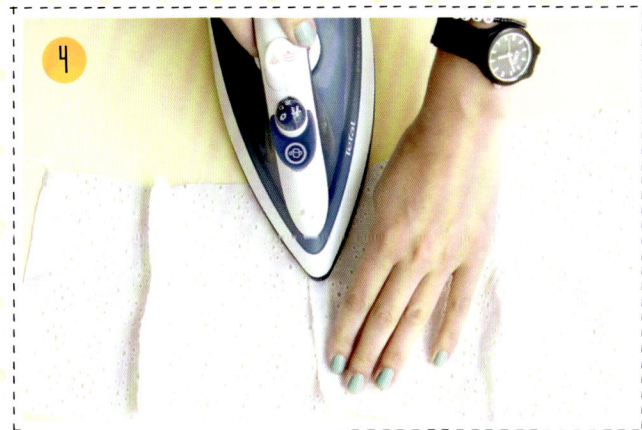

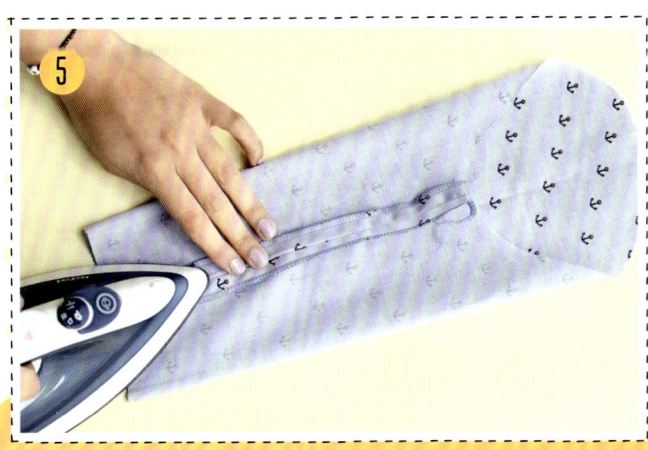

COUTURES ÉLASTIQUES

Le jersey, la corde et les textiles tissés particulièrement élastiques doivent être cousus avec des coutures élastiques pour que les points ne craquent pas plus tard en portant le vêtement, lorsque le tissu s'étend. Pour cela, vous devez réaliser un point zigzag, overlock ou de surfilage à l'aide de votre machine à coudre. La ligne de couture intérieure suit le tracé de la couture avec lequel est surfilé le bord du tissu. Si vous ne possédez pas de surjeteuse, recoupez les marges de couture juste après la couture. Faites un essai au préalable sur une petite chute de tissu pour voir à quoi ressemble la couture et insérez toujours une nouvelle aiguille jersey dans votre machine à coudre avant de commencer à coudre.

La finition des tissus élastiques est particulièrement soignée en cas d'utilisation d'une surjeteuse. Pour cela, disposez le tissu dans la machine de sorte que la ligne de couture intérieure corresponde au tracé de la couture. Les marges de couture sont désormais automatiquement coupées et bordées.

L'illustration de gauche représente une couture overlock à trois fils et celle de droite une couture zigzag (fig. 1). Sur l'exemple, on constate qu'il n'y a presque aucune différence entre un point zigzag bien ajusté à droite (fig. 2) et une couture overlock à gauche.

FAUSSES COUTURES DE RECOUVREMENT

Peu de personnes possèdent une machine à recouvrement. Celui qui affectionne le look sportif des coutures à recouvrement peut néanmoins l'imiter à s'y méprendre à l'aide d'une machine à coudre ou d'une surjeteuse.

Avec la surjeteuse, il convient de procéder comme suit : piquez la pièce de tissu sur laquelle vous souhaitez réaliser la couture à l'extérieur, envers contre envers au lieu d'endroit contre endroit comme on a l'habitude de procéder. Cousez ensuite les pièces de tissu ensemble. Rabattez la couture sur l'endroit du tissu et repassez-la à plat. Surpiquez à ras des bords la couture rabattue en faisant un point droit avec votre machine à coudre standard.

Si vous travaillez avec une machine à coudre domestique, vous devez réaliser un point fantaisie. Par ailleurs, vous aurez besoin de non-tissé à broder. Dans un premier temps, fermez endroit contre endroit la couture que vous souhaitez agrémenter d'une fausse couture de recouvrement. Repassez la couture à plat, épinglez le non-tissé à broder en fines bandes sur l'envers de la couture. Ensuite, piquez les aiguilles pas à pas sur l'endroit, puis cousez l'endroit en faisant un point fantaisie. Veillez à ce que le centre du pied-de-biche se trouve toujours sur la couture. Pour finir, détachez doucement le non-tissé à broder.

LES COINS ET LES ARRONDIS

Comment faire pour réaliser des coins et des arrondis jolis et propres ? Je vous donne ci-après quelques conseils et astuces. Vous verrez, une fois que vous vous serez exercée plusieurs fois, ce sera un jeu d'enfant. Il vous suffit de faire quelques essais.

COUDRE LES COINS

Des lignes pratiques se trouvent sur la plaque à aiguille de la plupart des machines à coudre. Si ce n'est pas le cas, vous pouvez y faire un marquage en collant un morceau de masking tape par exemple à la distance souhaitée par rapport à la couture (fig. 1). Vous pouvez alors orienter le bord du tissu en fonction du marquage. Si vous rencontrez un coin, ralentissez le rythme. Arrêtez-vous dans le coin une fois que l'aiguille est enfoncée dans le tissu (fig. 2). Puis soulevez le pied-de-biche, tournez le tissu, descendez à nouveau le pied-de-biche et continuez à coudre.

COUDRE LES ARRONDIS

Pour que les coutures et l'écart avec les marges de couture soient bien réguliers dans les arrondis, vous devez tout simplement vous exercer. Le mieux est de tourner en continu tout le tissu avec les deux mains, en suivant le tracé de l'arrondi. Vous y arriverez mieux d'une fois à l'autre : ne vous découragez pas. Si l'arrondi est particulièrement important, cousez toujours un ou deux points seulement, insérez l'aiguille dans le tissu, levez le pied-de-biche puis tournez légèrement le tissu. Cousez ensuite de nouveau quelques points et tournez le tissu. Répétez ces étapes jusqu'à atteindre une section de couture droite.

OURLER

Ourler consiste à coudre ensemble deux pièces de tissu puis à les retourner pour que la couture se trouve à l'intérieur. Cette technique est utilisée pour les ceintures, cols ou martingales, mais également pour surfiler les bords de découpe par exemple.

BRETELLES

❶ Pour ourler une bretelle, rabattez les côtés longs l'un sur l'autre de sorte que l'endroit du tissu se trouve à l'intérieur. Puis cousez-les ensemble en laissant une marge de couture de 1,5 cm. Tournez ensuite la bretelle tout en enfilant un double fil dans l'aiguille et en nouant les extrémités.

❷ À l'aide de quelques points arrière, fixez le fil à l'extrémité du tube. Puis enfilez l'aiguille à chas à travers la bretelle.

❸ Tout en tirant doucement sur l'extrémité du fil, retroussez vers l'extérieur l'endroit du tissu en le faisant passer à travers l'ouverture. Repassez à présent la bretelle à plat.

MARTINGALE ET CEINTURE

❶ Surpiquez complètement les pièces fermées, comme les martingales ou les ceintures, en laissant une marge de couture de 1,5 cm. Veillez néanmoins à laisser une ouverture de 5 cm environ sur un des côtés longs pour pouvoir tourner le tissu ultérieurement. Au niveau des coins, il est conseillé de coudre deux fois trois points environ pour une meilleure tenue. Coupez tout autour les marges de couture sur 1 cm. Les coins se superposeront de façon plus esthétique si vous coupez en transversal le long du tracé de couture.

❷ Enfin, retournez la pièce vers l'extérieur à travers la petite ouverture. Puis fermez l'ouverture en faisant quelques points invisibles à la main.

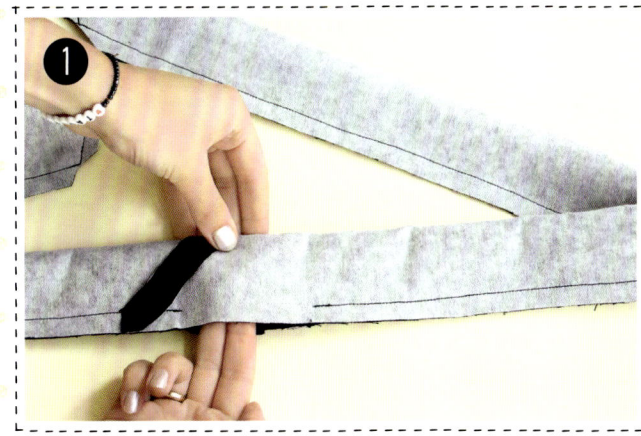

Conseil

Pour retrousser le tissu, vous pouvez utiliser un long pinceau ou un crayon. N'essayez pas de pousser les coins vers l'extérieur avec un objet pointu, mais utilisez plutôt une épingle.

COUPER LES MARGES DE COUTURE

❶ Pour couper les courbes intérieures : en cas de courbes intérieures qui se rabattent vers l'extérieur en les retournant, il faut agrandir le rayon pour que le bord reste plat. C'est pourquoi on crante ce côté en faisant de petites incisions jusqu'au bord de la couture.

❷ Pour couper les courbes extérieures : en cas de courbes extérieures qui se rabattent vers l'intérieur en les retournant, il faut insérer l'excédent de tissu à l'extrémité du fait que le rayon rétrécit. C'est pourquoi on crante ce côté en faisant de petits picots en forme de V jusqu'au bord de la couture.

❸ Pour couper les coins : pour que les coins soient esthétiques après avoir été retournés, coupez la marge de couture en biais. Important : n'essayez pas de sortir les coins avec des objets tranchants, tirez-les de préférence doucement à l'aide d'une aiguille.

Si un bord doit être ourlé, coupez ce dernier sur environ 0,7 cm après l'avoir cousu. En fonction de la forme de la couture, il existe différentes possibilités de couper les marges, que j'aimerais vous expliquer ici.

COL

❹ Si vous souhaitez ourler le cran du col, cousez les parties du col endroit contre endroit le long des bords extérieurs. Néanmoins, n'oubliez pas de laisser entièrement ouvert le bord intérieur qui sera cousu ultérieurement sur l'encolure.

❺ En fonction de la forme du col, coupez les marges de couture en faisant de petites incisions en forme de V en cas de cols ronds ou en transversal en cas de cols angulaires.

❻ Puis retournez et repassez le col.

Conseil

Au début, cet exercice vous semblera difficile, mais, avec le temps, vous trouverez la juste mesure. Vous ne devez pas couper la couture trop près au risque de casser les points que vous avez réalisés. Si, par manque de confiance, vous faites en revanche les entailles trop loin de la couture, l'arrondi ou le coin ne sera pas joli une fois que vous l'aurez retourné. Si vous n'êtes pas sûre, faites un essai sur un échantillon au préalable.

BORD DE DÉCOUPE

Le surfilage du bord de l'encolure est généralement réalisé avec une parmenture qui a la même forme que la découpe.

❶ Surfilez tout d'abord la parmenture sur les bords extérieurs et fermez-la sur le côté court avec une couture surfilée de façon à créer une pièce continue. Cousez la parmenture le long du bord intérieur, endroit contre endroit.

❷ Coupez les marges de couture sur 0,7 centimètre et réalisez de petites entailles jusqu'au bord de la couture.

❸ Si vous souhaitez travailler de façon très précise, vous pouvez sous-piquer à nouveau les marges de couture. Ajoutez, à quelques millimètres de la ligne de couture d'origine, une autre ligne de couture dont la marge de couture est coupée sur la partie inférieure.

❹ Retournez l'encolure sur l'endroit et repassez-la à plat. Pour terminer, fixez la parmenture sur l'endroit en faisant quelques points sur la couture d'épaule, tout en veillant à ce que la parmenture soit coupée sur le côté intérieur.

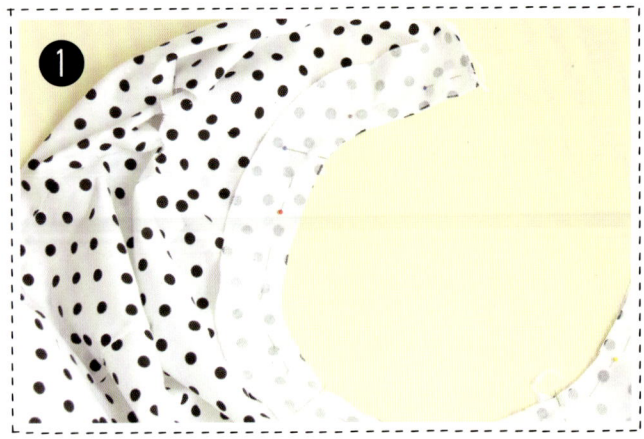

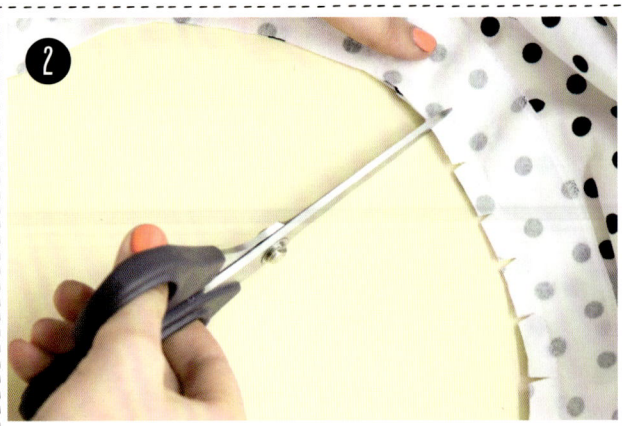

LES MODÈLES D'OURLET

Les possibilités d'ourler des bords de tissu sont nombreuses. J'aimerais vous présenter les trois plus importantes. Le choix du modèle d'ourlet vous appartient, cependant l'ourlet à la main offre un résultat particulièrement délicat, même s'il est un peu plus fastidieux.

OURLET SIMPLE À LA MACHINE

Coudre l'ourlet d'une jupe ou d'une manche à la machine est le moyen le plus simple.

❶ Surfilez dans un premier temps le pli de l'ourlet – une fois les côtés latéraux et du dos cousus – en réalisant des points zigzag ou une couture overlock. Puis repassez le tissu 3 cm vers l'intérieur. Vous pouvez fixer l'ourlet en piquant quelques aiguilles en biais.

❷ Puis cousez le pli de l'ourlet de l'extérieur en gardant une marge de 2,5 cm. Vous pouvez coudre sans problème sur les aiguilles insérées en biais, mais ralentissez le rythme ou utilisez le volant. Vous pouvez marquer la mesure avec une craie de tailleur ou mettre un bout de ruban adhésif sur la plaque à aiguille de votre machine à coudre. Au lieu de faire un arrêt, cousez précisément sur les premiers points à l'extrémité et coupez les extrémités de fil.

OURLET DOUBLE À LA MACHINE

L'ourlet double à la machine est avant tout utilisé pour ourler des manches et des jupes doublées.

❶ Dans un premier temps, repassez le pli de l'ourlet non surfilé sur 1,5 cm vers l'intérieur.

❷ Puis pliez une nouvelle fois le bord vers l'intérieur afin de doubler l'ourlet. Pour moi, la solution la plus simple consiste à s'exercer directement sous la machine à coudre sans réaliser de piqûre, mais si cela vous est plus facile, vous pouvez aussi repasser l'ourlet en double ou le fixer avec des épingles.

❸ Surpiquez maintenant le pli de l'ourlet à ras des bords. Ne faites pas de point d'arrêt à l'extrémité de la couture, mais cousez simplement quelques points au début de la couture précisément.

OURLET À LA MAIN

Un ourlet invisible à la main procure un aspect particulièrement esthétique aux vêtements.

❶ Pour cela, surfilez également le pli de l'ourlet en faisant un point zigzag ou overlock et repassez l'ourlet 3 cm vers le haut. En cas d'un ourlet continu, commencez au niveau de la couture latérale plutôt qu'au niveau des bords avant et travaillez de l'endroit vers l'envers. Dans un premier temps, l'extrémité du fil risque de se détacher du côté repassé. Piquez alors le côté extérieur point par point et passez au côté repassé en le perçant également point par point. Répétez ce procédé jusqu'à ce que l'ourlet soit cousu tout autour. Insérez de temps en temps quelques points arrière sur le bord repassé pour que l'ourlet ne se resserre pas.

❷ Les points ne doivent pas être visibles sur l'endroit ou bien très légèrement seulement. Outre les variantes présentées, il existe bien entendu d'autres façons de réaliser un ourlet.

BORDER AVEC UN BIAIS

Le biais ou le ruban à border permet de réaliser rapidement et facilement un ourlet qui, en fonction de la bande choisie, sera joyeux, ludique ou joli. Vous pouvez fixer le biais déplié endroit contre endroit, le rabattre puis le fixer à nouveau à l'aide de quelques points, ou bien retrousser le tissu et le surpiquer en une seule fois.

OURLET ZIGZAG

Ils sont jolis et s'intègrent dans la couture des manchettes ou des cols ou se cousent ultérieurement.

AJOUTER UN PASSEPOIL

Pour fabriquer soi-même un passepoil, reportez-vous à la page 126. Ce dernier s'intègre facilement, même lorsque l'ourlet du col est déjà réalisé.

PARMENTURE SUR L'OURLET DE LA JUPE

En cas de vêtements présentant un ourlet de forme particulière, comme la robe Hannelie (voir page 72), l'ourlet de la robe est surfilé avec une parmenture. L'ourlet est d'abord renforcé avec du non-tissé et le bord qui sera ensuite à l'intérieur est surfilé avec une couture overlock ou un point zigzag. Pour que la parmenture épouse parfaitement l'arrondi, il est possible de la sous-piquer à ras des bords après l'avoir cousue (voir pages 124 et 126). Elle est ensuite cousue comme un ourlet normal – pensez à faire des points à la main pour un plus beau résultat.

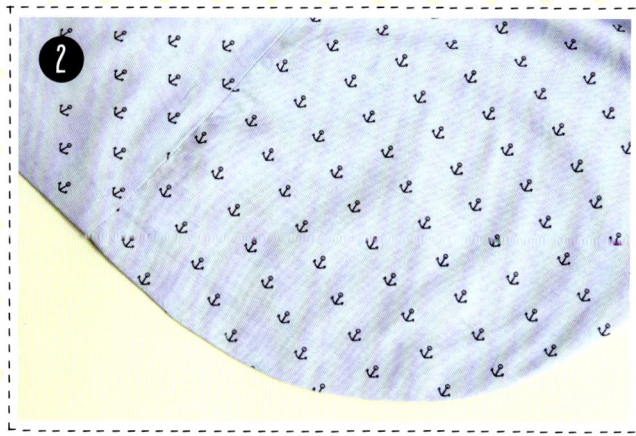

Conseil

L'ourlet à la main est exigeant et il vous faudra un certain temps avant d'atteindre la perfection. Ne désespérez pas pour autant ! Prenez votre temps et faites un essai en cousant deux ou trois fils tissés sur l'endroit du tissu.

LA FERMETURE ÉCLAIR INVISIBLE

La plupart des robes illustrées dans ce livre sont dotées de fermetures Éclair invisibles cachées sous le tissu de façon esthétique. En suivant quelques petits conseils, vous constaterez à quel point elles sont faciles à poser.

❶ Repassez avec précaution les deux rebords de la fermeture Éclair. Pas d'inquiétude, les picots ne fondent pas rapidement ! D'après mon expérience, repasser les rebords de la fermeture Éclair est une véritable botte secrète qui facilite énormément la couture.

❷ Épinglez la fermeture Éclair sur le premier côté et cousez-la à plat du haut jusqu'au dernier point, à l'aide du pied pour fermeture Éclair (ce dernier doit se trouver à environ 5 cm au-dessus de l'extrémité de la couture), sans vous arrêter et sans la détendre. Avec vos doigts, poussez doucement les picots vers le côté afin de ne pas les piquer en cousant, mais cousez le plus proche possible des picots. Faites un point d'arrêt au début et à la fin de la couture, comme d'habitude.

❸ Fixez ensuite la fermeture Éclair sur le deuxième côté en veillant surtout à ce que la couture centrale épouse parfaitement les derniers points. Fermez la fermeture Éclair avant de coudre pour faire un essai et vérifiez si tous les points importants se superposent et si la distance avec l'extrémité inférieure de la couture est exactement la même. Vous vous assurez ainsi que la fermeture n'est pas tirée ou n'ondule pas

à son extrémité. Ensuite, fixez aussi la fermeture Éclair sur ce côté.

❹ Pour finir, fermez la pièce à coudre entre la couture centrale et la fermeture Éclair à l'aide d'un demi-pied-de-biche. Puis superposez les marges de couture avec une aiguille et saisissez-les entre le pouce et l'index pour les tirer sur le côté en veillant à ne créer aucun pli à l'intérieur. Si vous n'allez pas droit, vous pouvez également fermer la pièce ouverte en faisant quelques points à la main.

Conseil

Si vous le souhaitez, vous pouvez choisir un autre modèle de fermeture Éclair qu'une fermeture Éclair invisible comme une fermeture Éclair en métal que vous fixez de façon visible.

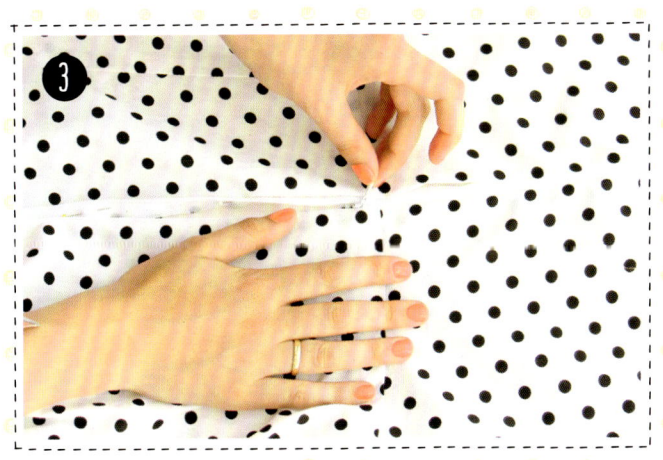

BOUTONNIÈRES ET BOUTONS

Même les couturières expérimentées redoutent parfois les boutonnières, or cette crainte est totalement injustifiée ! Il est important que le bord au niveau duquel sont cousues les boutonnières ou la parmenture soit renforcé avec du non-tissé.

❶ La première étape consiste à bien marquer la boutonnière. Pour cela, mesurez d'abord sur le patron les distances entre les boutons et le bord supérieur, et inversement. À l'aide d'un mètre ruban, transposez ces distances sur le tissu. La réglette permet de déterminer l'angle parfait par rapport au bord. Tracez avec une craie un trait horizontal sur le tissu, le long de la réglette. À 1,5 cm du bord, ajoutez en plus un petit trait vertical – c'est à cet endroit que sera insérée votre boutonnière.

❷ Fixez un bouton dans le pied à boutonnière pour déterminer la longueur de votre boutonnière. Le mieux est de réaliser un essai au préalable sur une chute de tissu pour vérifier la dimension. Le bouton doit s'enclencher dans la boutonnière en exerçant une légère pression.

❸ Posez le pied à boutonnière sur le trait de craie. Si vous regardez par en haut, le trait de craie doit se trouver exactement au milieu de la rainure du pied à boutonnière. Placez les marquages rouges à gauche et à droite sur le petit trait vertical de sorte que la distance entre la boutonnière et le bord reste toujours la même. Cousez à présent la boutonnière en utilisant le programme automatique de boutonnière de votre machine à coudre.

❹ Coupez la boutonnière en la pliant dans sa moitié et faites l'incision avec précaution en utilisant une petite paire de ciseaux.

❺ Marquez les positions des boutons pour que les bords se superposent parfaitement après avoir cousu les boutons. Pour cela, superposez les bords arrière de sorte qu'ils coïncident à la perfection en haut et en bas. Puis piquez une aiguille dans l'angle de la boutonnière le plus près du bord – à l'endroit exact où le bouton se trouvera ensuite. Marquez cette position sur l'envers avec une craie. Vous saurez ainsi précisément à quel endroit doivent se trouver les boutons.

❻ Cousez ensuite les boutons sur les marquages. Lorsque vous cousez les boutons, vous pouvez piquer la parmenture – ainsi, cette dernière aura un peu plus de tenue encore. Coudre les boutons est particulièrement rapide lorsque vous avez déjà doublé le fil dans l'aiguille et noué les extrémités. Ainsi, le fil est quadruple et il vous suffit de passer l'aiguille dans le bouton seulement une ou deux fois. Le bouton sera bien fixé si vous enroulez le fil plusieurs fois autour de la tige du bouton à la fin. Fixez ensuite le fil en le piquant quelques fois à travers la tige. Enfin, coupez à ras l'extrémité du fil.

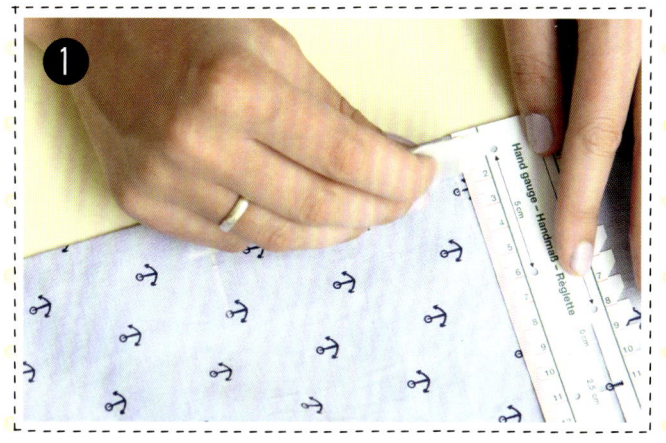

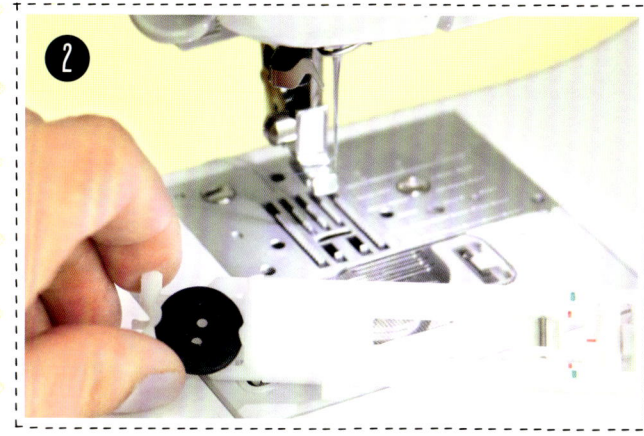

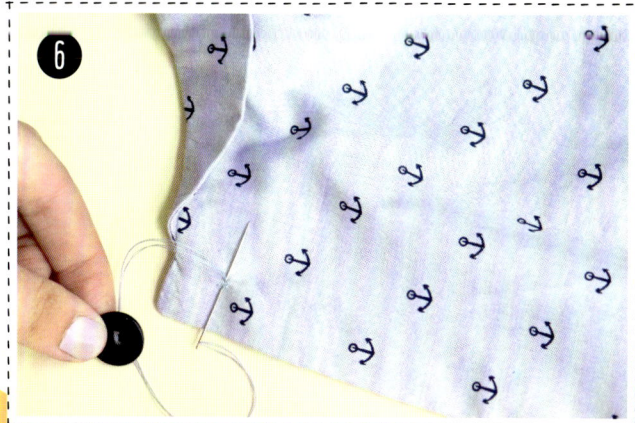

LE POINT INVISIBLE

Le point invisible est un point à la main. Vous pouvez y recourir pour attacher de façon élégante des bords intérieurs ainsi que pour fixer, par exemple, la ceinture intérieure ou la doublure sur la fermeture éclair. Cela demande un peu d'entraînement.

❶ En faisant quelques points arrière, piquez le fil sur la fermeture Éclair à un endroit qui sera recouvert ultérieurement par la bande intérieure. Puis piquez à travers la fermeture Éclair et guidez l'aiguille de bas en haut à travers la bande intérieure en faisant quelques points serrés sur le bord.

❷ Piquez précisément au niveau de l'endroit de découpe dans la fermeture Éclair, sortez l'aiguille juste sous le bord de la bande puis vers le haut à travers la ceinture intérieure. Répétez cette étape jusqu'à ce que la bande intérieure soit bien fixée. Veillez toujours à ce qu'aucun point ne soit visible de l'extérieur et que seuls de petits points soient visibles de l'intérieur. À la fin, conservez le fil en faisant quelques points arrière et coupez à ras l'extrémité du fil.

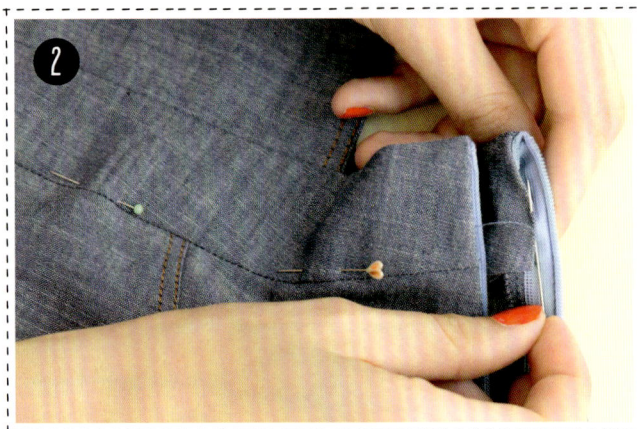

Conseil

La distance entre les différents points doit être comprise entre 0,5 et 0,7 centimètre environ. Avec le temps, vous vous ferez une idée de ce qu'est une distance régulière entre les points. Cette distance ne doit être ni trop petite ni trop grande.

LE TABLEAU DES MESURES

Avant de commencer à couper, vous devez déterminer votre taille en vous basant sur le tableau des mesures. Pour cela, mesurez-vous et choisissez les tailles en conséquence. Vous devrez éventuellement procéder à certains ajustements. Vous apprendrez comment faire aux pages suivantes.

Taille	34	36	38	40	42	44
❶ Taille debout	168 cm	168 cm	168 cm	168 cm	168 cm	168 cm
❷ Tour de poitrine	80 cm	84 cm	88 cm	92 cm	96 cm	100 cm
❸ Tour de taille	65 cm	68 cm	72 cm	76 cm	80 cm	84 cm
❹ Tour de hanches	90 cm	94 cm	97 cm	100 cm	103 cm	106 cm
❺ Longueur du dos	41,4 cm	41,4 cm	41,6 cm	41,8 cm	42 cm	42,2 cm
❻ Longueur devant	44,3 cm	44,7 cm	45,3 cm	45,9 cm	46,5 cm	47,1 cm
❼ Largeur de dos	15,5 cm	16 cm	16,5 cm	17 cm	17,5 cm	18 cm
❽ Largeur de poitrine	16,6 cm	17,4 cm	18,2 cm	19 cm	19,8 cm	20,6 cm
❾ Largeur d'épaule	11,8 cm	12 cm	12,2 cm	12,4 cm	12,6 cm	12,8 cm
❿ Longueur des bras	59,3 cm	59,6 cm	59,9 cm	60,2 cm	60,5 cm	60,8 cm
⓫ Circonférence du bras	26,2 cm	27 cm	28 cm	29,2 cm	30,4 cm	31,6 cm

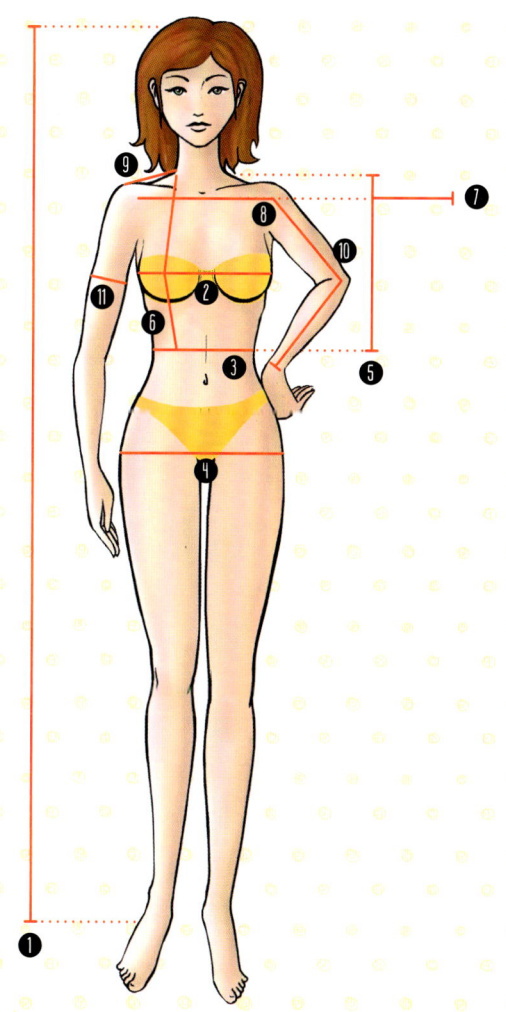

ADAPTER ET VARIER LES COUPES

Avant de couper le vêtement que vous souhaitez coudre, vous devez vérifier si la coupe est conforme à vos mensurations. Il est surtout important de contrôler la largeur de la poitrine et des hanches ainsi que la taille et, si nécessaire, de procéder à des ajustements.

Choisissez votre taille et décalquez toutes les pièces du patron sur le papier du patron. Si vous n'avez pas de papier semi-transparent, vous pouvez aussi appliquer les pièces du patron avec une molette pour papier et du papier-calque sur du papier épais. Si vous vous trouvez entre deux tailles, copiez les lignes des deux tailles. Pour avoir plus de marge de manœuvre dans les modèles que vous réalisez et pour vérifier si la coupe est adaptée à vos dimensions, toutes les coupes n'ont pas encore de marge de couture.

CONTRÔLER LA LARGEUR

❶ Posez les pièces du patron du dos et du devant les unes à côté des autres. Mesurez d'abord la distance entre le milieu arrière et la ligne gauche de la pince.

❷ Déplacez le mètre ruban sur la pince vers la ligne droite de la pince et mesurez à partir de cet endroit jusqu'à la couture latérale. Vous êtes ainsi certaine que la largeur est bonne après avoir cousu la pince.

❸ Faites une mesure entre la couture latérale juste au-dessus de la pince de poitrine et le milieu avant. Ensuite, doublez la mesure que vous avez prise. Vous savez à présent quelle mesure aura le vêtement à cet endroit après avoir été cousu.

Procédez de la même façon pour la taille et les hanches. Comparez ensuite la mesure calculée avec vos données morphologiques afin d'identifier si cette taille est adaptée à la vôtre. Si vous aimez vos vêtements amples, vous pouvez opter pour un embu de 4 à 7 cm. Si la mesure ne correspond pas, il existe deux possibilités : soit vous combinez deux tailles soit vous ajoutez un embu.

COMBINER DEUX TAILLES

Par exemple, optez pour la taille 40 pour le cou, les épaules et les emmanchures et trouvez une belle finition pour la taille en 38 si votre tour de poitrine est plus grand que votre tour de taille. Pensez toutefois à suivre les lignes de

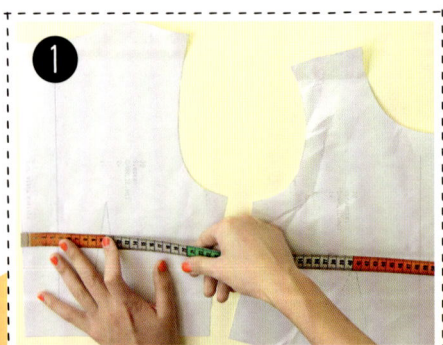

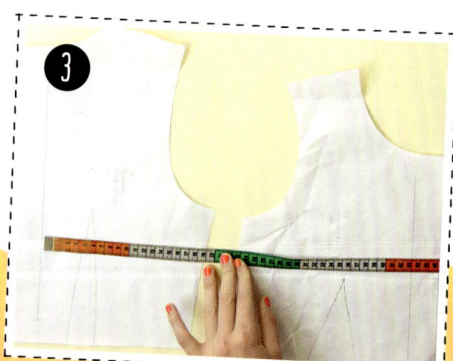

la même taille sur les parties adjacentes comme les bras ou la jupe pour que les largeurs coïncident plus tard lorsque vous coudrez.

AJOUTER UN EMBU

Ajoutez un embu de 4 à 7 cm à vos données morphologiques, selon si vous souhaitez porter le vêtement serré ou large. Soustrayez à cette mesure la mesure totale calculée à cet endroit du patron. Divisez les centimètres restants par quatre, car il y a deux coutures latérales à l'avant et à l'arrière sur lesquelles vous pouvez répartir la largeur (fig. 1). Ajoutez la mesure calculée aux coutures latérales des pièces du patron. Trouvez le bon tracé jusqu'à la couture latérale d'origine.

ADAPTER LES PINCES

Réduction des pinces : si vous avez une poitrine particulièrement petite, vous pouvez réduire la largeur des pinces. Pour cela, repoussez de manière égale les deux extrémités de la pince au niveau de la taille, par exemple 1 cm, vers l'intérieur et trouvez le bon tracé vers le haut. Dans la mesure où une moins grande quantité de tissu est désormais retirée de la pince, vous devez retirer la largeur excédentaire, dans ce cas 2 cm, tout du long de la couture latérale (fig. 2).

RALLONGER LES PINCES

Si vous avez une poitrine particulièrement forte, vous pouvez augmenter la largeur des pinces. Pour cela, repoussez de façon égale les deux extrémités des pinces au niveau de la taille, par exemple de 1 cm vers l'extérieur, et trouvez le bon tracé vers le haut. Dans la mesure où une plus grande quantité de tissu est désormais ajoutée à la pince, vous devez ajouter la largeur manquante, dans ce cas 2 cm, tout du long de la couture latérale (fig. 3).

Conseil (forte poitrine)

Si la poitrine est froncée, comme la robe en tweed Valérie, ajoutez simplement quelques centimètres sur la couture latérale pour pouvoir froncer un peu plus de largeur dans la zone de la poitrine. Si la zone de la poitrine présente des plis, comme la robe portefeuille Katie, augmentez de quelques centimètres la profondeur des plis des deux côtés. Ajoutez néanmoins ici aussi la largeur manquante sur la couture latérale.

RALLONGER OU RACCOURCIR LES PINCES

Si la pince est trop large en haut ou en bas, vous pouvez tout simplement la raccourcir ou la rallonger. Pour cela, réduisez de moitié la profondeur de la pince (ou en cas de pinces verticales, la largeur) et reliez ce point avec l'extrémité de la pince de façon à créer une bissectrice. Sur cette ligne, vous pouvez déplacer l'extrémité de la pince sans problème de quelques centimètres vers la gauche ou vers la droite (ou bien vers le haut ou vers le bas). Reliez la ligne de la pince avec la nouvelle extrémité (fig. 1).

RÉTRÉCIR LES ÉPAULES

Si vous avez des épaules particulièrement étroites, vous devez envisager de procéder à cet ajustement pour éviter que les épaules ne s'affaissent. Disposez la pièce avant et la pièce arrière l'une à côté de l'autre sur la couture d'épaule de sorte que les points d'épaule extérieurs coïncident. Il n'est pas étonnant que la largeur arrière de l'épaule soit un peu trop grande – vous devez respecter cette largeur lorsque vous cousez. Déplacez le point d'épaule de quelques centimètres vers l'intérieur ou – en cas d'épaules particulièrement larges – vers l'extérieur. Trouvez une belle finition de l'avant vers l'arrière et dans l'ancienne ligne d'emmanchure (fig. 2).

RALLONGER OU RACCOURCIR LES COUPES

Si vous êtes particulièrement grande ou petite – sensiblement plus petite ou plus grande que 1,68 m – et que les vêtements que vous achetez ne sont souvent pas ajustés à votre taille, vous devez modifier la longueur avant de couper.

Pour cela, tracez une ligne transversale à un angle de 90° jusqu'au centre avant ou arrière, une fois dans le tiers inférieur de l'emmanchure et une fois dans le tiers inférieur de la couture latérale (fig. 3). Coupez le patron sur les lignes transversales.

Dessinez deux lignes droites sur le papier de support sur lequel vous tracez les milieux avant et arrière.

RALLONGER

Séparez les pièces du patron. Ajoutez 0,7 cm sur l'emmanchure et 1,3 cm sur la couture latérale (fig. 4).

RACCOURCIR

Glissez les pièces du patron l'une sous l'autre. Retirez 0,7 cm sur l'emmanchure et 1,3 cm sur la couture latérale. Équilibrez un peu les tracés de couture et reliez à nouveau les lignes (fig. 5).

RALLONGER OU RACCOURCIR LES MANCHES

Dessinez aussi deux lignes sur la manche – une dans la zone de la tête de manche et une au milieu. Les deux lignes rejoignent le droit fil à un angle de 90°. Ajoutez aussi de la longueur sur la manche ou retirez-en pour que cette dernière s'adapte parfaitement à l'emmanchure.

Ajoutez ou retirez 0,5 cm sur la ligne supérieure et 2 cm sur la ligne inférieure. Compensez ici aussi la forme dans laquelle vous tracez une ligne sur la nouvelle tête de manche (fig. 6).

Suite à cette modification, vous pourrez aussi coudre la manche très facilement dans l'emmanchure et celle-ci devrait avoir une longueur suffisante adaptée à votre taille. Vérifiez toutefois la mesure encore une fois avant de couper la manche. Sur la manche, ajoutez un embu de 1,5 à 2,5 centimètres.

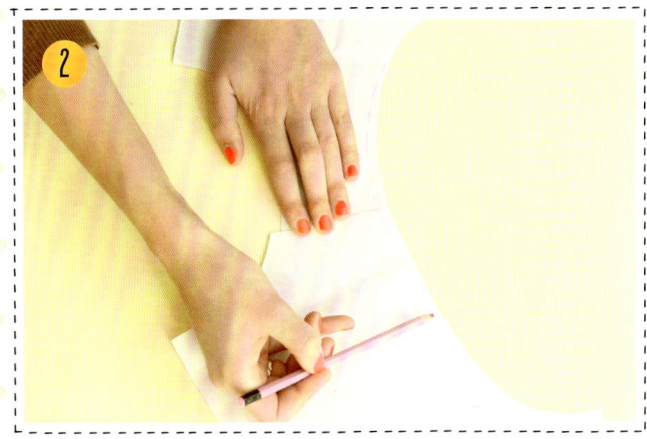

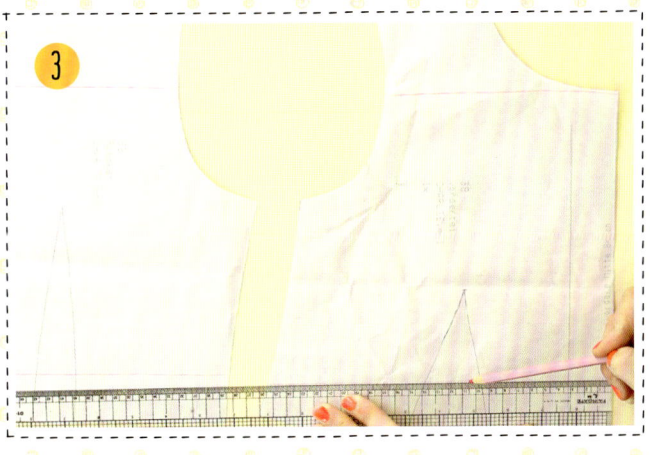

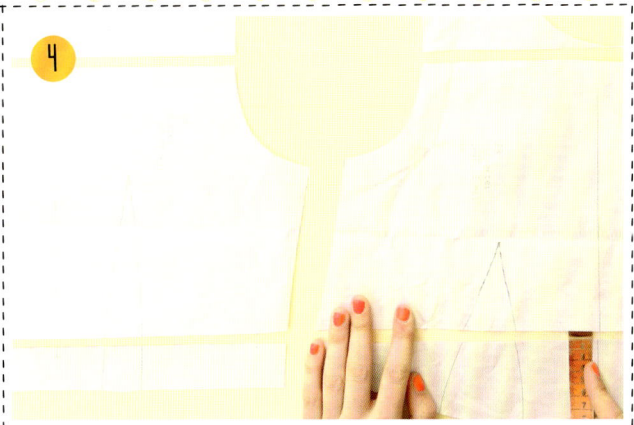

TROUVER SON STYLE

Il s'agit d'une question que nous nous sommes toutes posée au moins une fois, voire plusieurs fois, au cours de notre vie : qu'est-ce qui me va réellement ? Comme trouver des vêtements qui me mettent en valeur ou soulignent ma personnalité ? Et un bon style, c'est quoi exactement ?

Selon moi, le bon goût, c'est tout d'abord rester fidèle à soi-même. Cela ne signifie pas pour autant que se réinventer n'est pas une bonne idée. Néanmoins, la personne qui ne cesse de courir après les dernières tendances ne trouvera sans doute jamais son propre style. À mes yeux, avoir le sens de la mode revient à avoir une bonne vision des matières, proportions et couleurs. Et, avant tout, être honnête avec soi-même. Une tenue peut ne pas donner l'effet escompté, car, si elle est portée par une personne qui veut à tout prix qu'elle lui aille, le look ne sera pas celui recherché.

Je pense qu'au fond, vous savez exactement quelles coupes vous siéent le mieux, quelles couleurs vous donnent un teint rayonnant et quels détails soulignent votre personnalité. Et vous savez à coup sûr quels vêtements contribuent à votre bien-être. La plupart de nos mauvais achats – ou de nos projets de couture manqués – s'expliquent purement et simplement par le fait que nous nous berçons parfois d'illusions. Nous oublions ou dissimulons à quoi ressemble notre quotidien et qui nous sommes réellement.

Ne vous méprenez pas : j'aime les pièces uniques faites à la main et chercher à voir plus loin que le bout de mon nez. Cependant, si votre armoire est remplie de vêtements qui peuvent uniquement être portés pour certaines occasions ou qui ne vont pas ensemble, vous ne trouverez pas l'inspiration au quotidien pour vous habiller de façon créative et individuelle.

C'est pourquoi la première façon de trouver le style qui vous convient est d'être tout à fait honnête avec vous-même. Prenez conscience de qui vous êtes, à quoi ressemble votre quotidien et dans quels vêtements vous vous sentez le mieux. Si vous êtes quelqu'un de visuel, fabriquez-vous un *mood board* sur lequel vous fixerez tous les éléments que vous aimez particulièrement. Il peut s'agir de certaines couleurs ou certains patrons, mais aussi de détails comme des boutons ou des coupes. Entamez chaque saison avec quelques nouvelles inspirations qui compléteront bien votre style et qui donneront à votre garde-robe actuelle un souffle nouveau.

Il peut s'avérer utile de faire l'inventaire de votre armoire et de lister de ce que vous possédez. Vous constaterez peut-être que vous avez 20 chemisiers noirs et aucun de couleur, ou que tous vos tee-shirts sont imprimés et que vous n'en avez aucun uni. La plupart des conseillers en mode vous conseilleraient de compléter votre garde-robe par les vêtements qui vous manquent. Mais pourquoi acheter un chemisier coloré si cela n'est tout simplement pas votre style ? Identifiez quels vêtements vous aimez le plus et pourquoi. Gardez-les dans un coin de votre tête lorsque vous ferez de nouvelles acquisitions. Et demandez-vous surtout, à chaque achat, si la pièce achetée se combinera bien avec les vêtements que vous affectionnez tant déjà en votre possession. Petit à petit, vous personnaliserez entièrement votre garde-robe en y ajoutant seulement vos pièces préférées.

Si vous souhaitez quitter votre zone de confort, demandez-vous véritablement si vous devez le faire en cousant vous-même un vêtement avec tout votre amour – en effet, le danger est grand que cette pièce vivote accrochée à un cintre, et ce malgré tout le travail accompli. Je couds depuis des années des robes et vêtements hétéroclites avec des motifs farfelus, que j'aime certes beaucoup et que j'ai réalisés une ou deux fois avec enthousiasme, mais qui ne sont au final jamais devenus mes vêtements favoris.

Les vêtements que j'ai cousus moi-même et que je préfère sont aujourd'hui une robe noire et blanche et une jupe unie jaune moutarde, ma couleur préférée. Et n'oubliez pas une chose fondamentale lorsque vous entamerez votre voyage stylistique : vous devez prendre du plaisir ! Le plus important est de bien vous sentir dans votre peau et la mode peut s'avérer un superallié dans cette quête. Si, comme Mary Poppins, vous vous attardez devant chaque vitrine, non pas pour observer les mannequins, mais pour vous regarder dans la glace, vous avez tout juste.

SI VOUS SOUHAITEZ TROUVER UN NOUVEAU STYLE, ESSAYEZ CE QUI SUIT :

1 Participez à un troc de vêtements ou organisez-en un vous-même et essayez tout ce qui est à votre taille.

3 Essayez pendant une semaine de porter chaque jour une tenue que vous n'avez encore jamais mise. Si vous avez besoin d'inspiration pour combiner autrement les vêtements que vous possédez déjà, faites des recherches sur Pinterest par exemple ou laissez-vous inspirer par des blogueuses qui ont un style similaire au vôtre.

4 Choisissez un vêtement familier, mais dans une nouvelle couleur, avec d'autres motifs ou des détails inhabituels. Si les encolures en V vous vont particulièrement bien, vous pouvez vous en tenir à cela – mais que diriez-vous d'un col attaché plutôt que d'un simple décolleté ?

5 Rendez-vous dans une friperie et laissez une amie choisir des affaires pour vous ou emparez-vous de pièces que vous n'auriez jamais portées habituel-lement. Si vous n'êtes pas certaine de vouloir acheter un vêtement, laissez-vous guider par le prix. Si la veste au motif cachemire que vous avez payée deux euros, s'avère être un achat inutile, ce n'est pas grave – elle trouvera forcément acquéreur lors du prochain troc de vêtements !

2 Participez à une séance de conseils en mode et laissez-vous surprendre. La plupart du temps, nous sommes instinctivement attirées par des couleurs et des styles qui nous vont bien. Parfois, un regard extérieur neuf peut nous aider à nous redécouvrir.

6 Combinez vos vêtements avec de toutes nouvelles chaussures, un autre sac ou un chapeau. Ces petits détails confèrent à votre look une tout autre dimension, mais ne doivent absolument pas coûter cher.

PERSONNALISER

Il existe tant de possibilités de personnaliser une coupe. Vous souhaitez jouer avec les tissus, utiliser des bandes et des bordures, combiner autrement différents patrons ou travailler les plis et les fronces au lieu de coudre ? Laissez-vous inspirer !

Je suis naturellement ravie lorsque vous cousez les vêtements de cet ouvrage tels qu'ils y sont présentés, mais suis également très enthousiaste à l'idée que vous adoptiez une démarche créative ! Il existe tant de possibilités de combiner les modèles les uns avec les autres (apprenez-en plus à ce sujet à partir de la page 59) et le patron Charlie constitue la base parfaite pour mettre en œuvre vos propres idées.

Les différents modèles sont totalement différents en fonction des couleurs et des tissus que vous utilisez. La brève description qui accompagne chaque modèle fournit quelques idées de variantes, mais je suis certaine que vous en trouverez plein d'autres formidables, qui correspondent à votre style. Laissez-vous simplement inspirer par de nouveaux modèles en vous rendant dans des magasins de tissus ou en feuilletant des magazines ou des ouvrages de couture.
Si vous souhaitez personnaliser encore plus vos vêtements, les produits de mercerie, comme les bandes et les boutons, sont l'idéal.

Les boutons procurent des effets superbes. Partez à la recherche, au marché aux puces ou au grenier, de pièces uniques du passé. Vous pourrez ainsi conférer aux robes-blouses, comme les modèles Hannelie et Amélie, une touche toute personnelle.

PAS UNIQUEMENT DESTINÉS À LA FERMETURE, LES BOUTONS PEUVENT ÊTRE UTILISÉS DE NOMBREUSES MANIÈRES :

♥ Coudre un ou plusieurs boutons les uns à côté des autres sur le bord d'un col ou d'une poche.

♥ Recouvrir entièrement un col avec des boutons de différentes couleurs et dimensions.

♥ Placer quelques boutons à la place d'une broche sur le devant, sur le côté.

♥ Au lieu de créer une boutonnière dans votre vêtement, toujours à la même distance avec les autres boutonnières, coudre deux boutonnières juste au-dessous l'une de l'autre pour obtenir un effet particulier.

♥ Coudre les boutons une fois de façon à créer un X au lieu de deux traits sur l'endroit du tissu.

♥ Conférer aux manchettes un look particulier en les fixant sur le côté du vêtement avec un bouton.

♥ Coudre les boutonnières de façon inclinée plutôt qu'en formant un angle droit par rapport au bord du vêtement.

LES BANDES ET LES BORDURES OFFRENT UNE MULTITUDE DE FORMIDABLES IDÉES :

Enrubannée avec la robe Rosalie, vous pouvez voir quel joli effet il est possible d'obtenir en surfilant la bordure d'une robe avec une large bordure plutôt qu'avec un ourlet normal.

♥ Bordez le col ou les manchettes avec un biais ou cousez une bande décorative parallèlement à la bordure extérieure.

♥ En surpiquant l'ourlet, laissez une petite fente et enfilez-y un élastique large de sorte que la robe prenne une légère forme de ballon.

♥ Surpiquez l'ourlet de la robe avec une bande décorative au lieu de le border.

♥ Fabriquez un nœud à partir d'une jolie bande que vous pouvez coudre, par exemple, sur le col de la robe Stéphanie.

♥ Retirez la parmenture et bordez l'encolure de la robe au lieu d'utiliser un biais.

♥ Faites ressortir les bords extérieurs du col ou des manchettes en ajoutant un passepoil ou un ourlet zigzag lorsque vous ourlez les deux parties.

♥ Taillez le vêtement avec un cordon coulissant dans lequel vous enfilez un élastique au lieu de fabriquer une ceinture séparée. Pour cela, coupez dans le tissu une bande droite correspondant au tour de taille de la robe. Repassez ensuite les bords longitudinaux vers l'intérieur et cousez la

bande à l'intérieur de la taille de la robe. Lorsque vous cousez, laissez une petite fente ouverte dans laquelle vous enfilez un élastique. Si vous cousez deux boutonnières transversales avant de coudre la bande sur l'avant du vêtement, vous pouvez enfiler l'élastique vers l'extérieur et le régler avec un arrêt de cordon.

♥ Je suis certaine que vous aurez encore de nombreuses autres idées pour varier de façon créative les vêtements illustrés dans ce livre. Je suis super enthousiaste à l'idée de les lire !

Conseil

Ne vous limitez pas aux passepoils et bordures que vous trouverez dans les merceries. Il est très facile de fabriquer des biais à partir de jolies matières. Que diriez-vous d'une large bordure en cuir (synthétique) que vous coupez en franges et que vous cousez sur la poche d'une robe ? Ou de deux bandes que vous cousez l'une sur l'autre ?

LE PRINCIPE DE COMBINAISON

Ce livre a le grand avantage de proposer un patron de base pour neuf modèles de robes différentes avec certaines combinaisons possibles. Dans la mesure où vous pouvez combiner les modèles illustrés les uns avec les autres, les possibilités sont quasi illimitées !

QUELQUES IDÉES À MIXER

MANCHES

Pour toutes les robes à manches, il est possible d'intervertir les manches des différents modèles. Vous pouvez donc coudre la robe Amélie avec des manches longues ou ajouter les manches bouffantes de la robe Peter Pan Birdie sur la robe Stéphanie. Vous pouvez compléter la robe portefeuille Katie avec des manches pour créer un chouette modèle pour l'automne et l'hiver.

LONGUEURS

La robe portefeuille Katie est un peu plus longue que le patron de base de la robe Charlie, et la robe Ellie un peu plus courte. Vous pouvez adapter individuellement les longueurs. Placez-vous simplement sur la ligne d'ourlet et enlevez, en partant du bas, le nombre de centimètres dont vous souhaitez raccourcir la robe. Si vous souhaitez vous baser sur une autre coupe, posez cette dernière au niveau du marquage de la taille sur la coupe à changer et transposer la longueur de l'ourlet.

COMBINER LE DEVANT ET LE DOS

Vous aimez l'empiècement en dentelle de la robe Amélie et vous souhaitez l'utiliser sur la robe Peter Pan Birdie ? Aucun problème ! Appliquez le patron et transposez-en les lignes. Coupez les pièces et vous aurez vos nouveaux patrons pour la dentelle et le tissu extérieur. Vous pouvez bien entendu aussi réaliser l'encolure profonde dans le dos sur d'autres modèles que la robe pull Ellie. Cette encolure s'adapte à la perfection aux robes Amélie, Hannelie, Stéphanie ou Birdie (sans col dans ce cas), mais également aux modèles Charlie, Katie et Valérie. Pour cela, superposez les patrons sur les épaules et transposez le tracé. N'oubliez pas de modifier aussi la parmenture.

ROBES ET BUSTIERS

Vous aimez le col et le bustier de la robe Stéphanie, mais vous souhaitez remplacer la jupe plissée par la jupe lisse du patron de base Charlie (ligne A) ? Aucun problème ! Découpez simplement le patron Charlie au lieu du patron Stéphanie et cousez-le comme d'habitude. Pour toutes les robes ayant une couture à la taille, les mesures sont exactement les mêmes. Par conséquent, il est également possible de coudre le bustier tendu de la robe en tweed Valérie sur la jupe de la robe Charlie ou celle de la robe bustier Rosalie (dans ce cas sans ceinture ou sans raccourcir la taille de la ceinture).

COLS

Les cols de la robe d'enseignante Stéphanie, de la robe Amélie, de la robe Peter Pan Birdie et de la robe chemise Hannelie peuvent être substitués les uns aux autres, au gré de vos envies. Veillez seulement à séparer le col à l'arrière avec une couture et à conserver la marge de couture lorsque votre vêtement est doté d'une fermeture Éclair centrale dans le dos. En outre, vous pouvez compléter le patron de base de la robe Charlie et de la robe pull Ellie (dans ce cas, sans encolure profonde dans le dos) avec un col, si vous le souhaitez.

POCHES

Toutes les robes peuvent être agrémentées de poches si vous le souhaitez. Transposez par exemple la poche de la robe Peter Pan Birdie ou de la robe salopette Goldie sur une autre robe et coupez par ailleurs les poches doublées et les poches plaquées pour en faire une poche parfaitement découpée. Néanmoins, vous pouvez aussi coudre les poches plaquées de la robe pull Ellie sur une autre robe ou coudre les poches en biais de la robe en tweed Valérie en suivant les marquages et la notice d'un autre modèle.

Donnez libre cours à votre créativité ! J'espère que les patrons présentés dans ce livre constitueront une base formidable pour développer votre imagination et concrétiser vos idées. Combinez les matières et les coupes à volonté et vous pourrez ainsi créer une garde-robe unique dans laquelle vous piocherez vos vêtements chaque jour.

MIXER ET ASSOCIER

Confectionner des robes avec ce livre n'a jamais offert autant de liberté ! Vous pouvez combiner à souhait les patrons qui y sont proposés, selon vos envies et votre humeur et à chaque fois que vous voulez changer de style.

CAS 1

Les manches bouffantes de Birdie...

... avec le joli col et le bustier de Stéphanie...

... et la jupe lisse de Charlie...

... et voilà une toute nouvelle création ravissante !

CAS 2

Les manches ¾ de Charlie...

... avec le bustier de Charlie... mais derrière...

... l'encolure de dos sexy d'Ellie...

... et la jupe plissée de Stéphanie...

... voire avec des poches plaquées ? C'est à vous de décider !

COUPE ET MARQUAGE

Si vous avez vérifié toutes les pièces du patron et les mesures, vous pouvez commencer à couper — et vous serez de plus en plus à l'aise dans cet exercice si vous suivez certains petits conseils. Respectez toujours la règle d'or en couture : celui qui effectue deux mesures doit procéder à une seule découpe.

Pour avoir plus de marge de manœuvre dans les variantes que vous réalisez et pour mieux vérifier si les coupes sont finalement adaptées à vos mensurations, toutes les coupes jointes à ce livre n'ont pas de marge de couture. Avant de commencer à travailler, vous devez laver le tissu, puis le repasser pour qu'il n'ait pas de pli. Pliez le tissu en deux dans sa longueur de sorte que les lisières se superposent parfaitement. Cela crée une pliure sur l'endroit du tissu.

COUPER LE TISSU PRINCIPAL

❶ Posez désormais les pièces du patron conformément aux plans de coupe que vous trouverez pour les différents modèles. Laissez suffisamment d'espace entre les pièces pour les marges de couture. Vérifiez que les pièces suivent le droit fil et mesurez la distance entre la ligne du droit fil et la pliure ou le bord extérieur. Si cette distance est toujours la même, cela signifie que la pièce est droite. Posez le devant et la partie avant de la jupe sur la pliure existante, le dos et la partie arrière de la jupe en gardant généralement la même distance sur la lisière gauche. Fixez les pièces avec des poids ou des épingles.

❷ Marquez alors les marges de couture tout autour avec une craie. Pour chaque robe, il sera indiqué quelle marge de couture vous devez laisser. Généralement, elle s'élève à 1,5 cm tout autour et au niveau des ourlets des manches et

à 3 cm au niveau des ourlets de jupe. Pour les ourlets de jupe, veillez non seulement à dessiner la marge sur la couture latérale vers le bas, mais également à refléter la ligne latérale sous la ligne d'ourlet vers l'intérieur. Le pli de l'ourlet aura alors la largeur parfaite et sera plus facile à coudre.

Coupez les différentes pièces du patron le long des lignes marquées et veillez à ce que les deux couches ne glissent pas.

❸ Marquez maintenant tous les milieux en coupant en biais les coins de façon à créer une fente en V. Vous pourrez ainsi coudre ultérieurement et plus facilement le bustier et la jupe.

❹ Coupez des crans d'une profondeur de 0,5 cm environ ainsi que des incisions dans la marge de couture pour transposer les marquages sur le tissu, comme les emmanchures.

❺ Intercalez le papier-calque face vers le bas entre le patron et le tissu. Copiez ensuite la pince sur le tissu en faisant rouler la molette sur les lignes.

❻ Copiez aussi la pince sur l'autre côté du tissu en déposant le papier-calque face vers le haut sous le tissu. Faites à nouveau rouler la molette sur les lignes pour transposer les marquages sur le tissu.

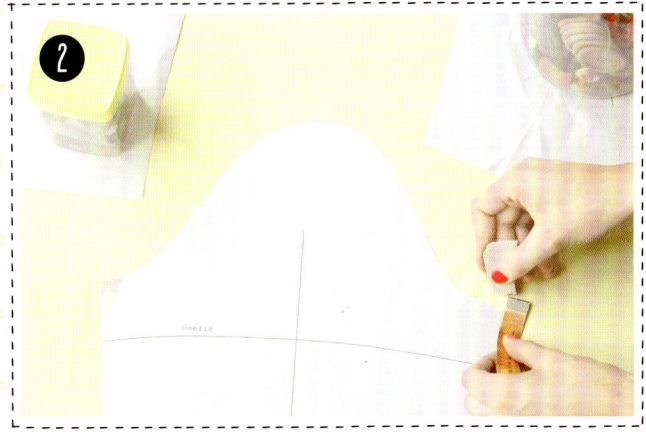

❼ Un conseil en matière de marges de couture : lorsque vous coudrez ultérieurement, utilisez les lignes de guidage de votre machine à coudre pour conserver la distance exacte avec les bords extérieurs. Si vous trouvez cela trop difficile pour un début, mesurez la marge de couture de l'extérieur et marquez la ligne de couture en faisant un trait avec une craie.

COUPER LE COL

❽ Coupez le col extérieur tout autour en laissant une marge de couture de 1,5 cm. Coupez alors le col intérieur. Ajoutez également 1,5 cm de marge de couture sur le bord qui sera cousu ultérieurement sur l'encolure. Cependant, ajoutez seulement 1 cm de marge de couture sur le bord extérieur qui sera ourlé ultérieurement. Cela permettra d'enrouler plus tard le col extérieur autour du col intérieur.

COUPER LE NON-TISSÉ

❾ Le moyen le plus simple pour couper le non-tissé consiste à déposer la pièce devant être renforcée, endroit vers le haut, sur le non-tissé. Pour le non-tissé, le côté avec les points de colle est tourné vers le haut. Coupez le non-tissé de la même taille que la pièce à renforcer. Tournez ensuite les deux couches ensemble et repassez le non-tissé sur le tissu.

COUPER LA DOUBLURE

❿ Coupez tous les morceaux de doublure de la même taille que les pièces du tissu extérieur. Coupez la longueur exactement sur la longueur finale de la jupe. Dans la mesure où vous repassez l'ourlet ultérieurement 1,5 cm vers l'intérieur et que vous cousez un ourlet double, la doublure doit être 1,5 cm plus courte que la couche extérieure. Vous obtiendrez ainsi la longueur parfaite et rien ne dépassera.

LIRE LE PLAN DE COUPE

À chaque vêtement correspond un plan de coupe qui vous montre comment vous devez disposer les pièces du patron sur le tissu en cas d'une largeur de tissu de 1,5 m. Si vous posez le tissu dans la pliure comme indiqué ici et si vous coupez toutes les pièces en double, vous ne risquez pas d'oublier une pièce de tissu ou d'avoir à la fin deux parties avant devant vous. Si, pour changer, vous souhaitez utiliser un patron, comme la ceinture de la robe Hannelie par exemple, vous pouvez aussi découper toutes les autres pièces dans la pliure du tissu et couper cette pièce à partir d'une des chutes qui restent sur le bord ou entre les autres pièces du patron. La brève description accompagnant chaque tutoriel indique combien de fois vous aurez besoin de chaque pièce.

CONSERVER LES PATRONS

Il est important d'étiqueter les différentes pièces de patron pour ne pas les confondre plus tard. N'oubliez pas d'y inscrire aussi les noms de chaque modèle pour pouvoir ranger les différentes pièces.

Pour cela, plusieurs possibilités s'offrent à vous. Les grands patrons s'enroulent facilement et peuvent être rangés dans une corbeille. Vous pouvez aussi plier les patrons de dimension A4 et les glisser dans une pochette transparente du même format. Enfin, vous pouvez agrafer ensemble les différents patrons.

LES PROJETS

Lançons-nous dans
la couture des robes !

COUPE DE BASE CHARLIE

Charlie constitue la base pour l'ensemble des modèles présentés dans ce livre : coutures à l'avant et à l'arrière, couture à la taille, robe légèrement évasée et manches longues. Cette coupe est néanmoins aussi parfaitement adaptée à la mise en œuvre de vos propres idées. La robe Charlie aux lignes pures est une petite robe parfaite pour les intersaisons ou pour l'été lorsqu'elle est dotée de manches courtes. Cette robe peut être confectionnée avec du coton ou des fibres un peu plus solides, mais confère aussi une superbe allure en viscose légère ou en soie.

CE DONT VOUS AVEZ BESOIN

Fil à coudre blanc

Fil de faufilage

1 fermeture Éclair invisible blanche, longueur : 50 cm

Batiste en coton, de couleur blanche, avec imprimé (largeur du tissu : 1,5 m) : 1,7 m (toutes dimensions)

Entoilage, de couleur blanche (p. ex. G 405-10) : 0,4 m

DÉCOUPE DANS LE TISSU EXTÉRIEUR

Devant Charlie (SB 3) : 1 x dans la pliure du tissu

Dos Charlie (SB 4) : 2 x

Devant de la jupe Charlie (SB 4) : 1 x dans la pliure du tissu

Arrière de la jupe Charlie (SB 4) : 2 x

Manche Charlie (SB 4) : 2 x

Parmenture de col Charlie (SB 4) : 1 x dans la pliure du tissu

DÉCOUPE DANS L'ENTOILAGE

Parmenture de col Charlie (SB 4) : 1 x dans la pliure du tissu

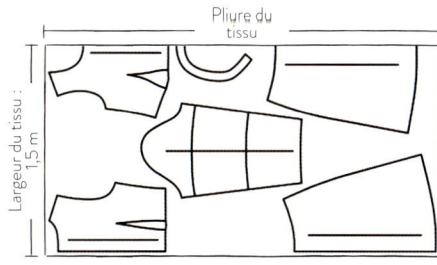

Pliure du tissu

Largeur du tissu : 1,5 m

Marges de couture

Les marges de couture ne sont PAS comprises dans le patron. Ajouter 1,5 cm de marge de couture tout autour. Ajouter aussi 1,5 cm de marge de couture sur l'ourlet de manche, 3 cm sur l'ourlet de jupe.

Fermer les coutures d'épaule ainsi que les coutures latérales de la jupe et du bustier. Surfiler les marges de couture et ouvrir les coutures au fer.

Coudre les pinces du bustier avant et arrière tout en superposant exactement les lignes de la pince les unes sur les autres. Faire un point d'arrêt au début, comme d'habitude, en faisant quelques points arrière. Puis repasser les pinces vers l'extérieur. Pour que ces dernières restent bien à plat, couper le fond de la pince sur 1,5 cm et surfiler le bord de coupe.

Refermer la couture centrale arrière de la jupe jusqu'au début de la fermeture Éclair. Surfiler les marges de couture et les ouvrir au fer.

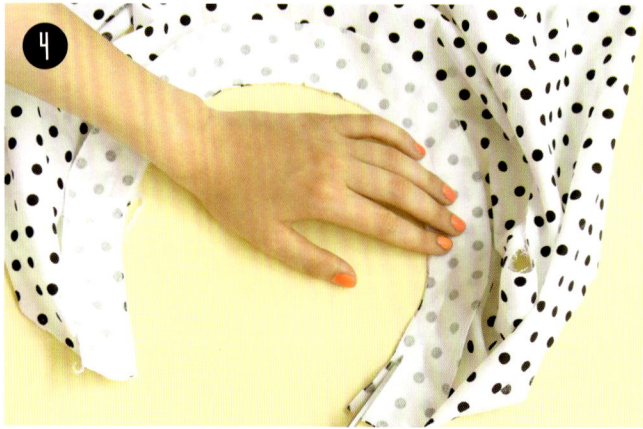

Surfiler sur la parmenture le bord extérieur ayant le plus grand angle. Coudre la parmenture endroit contre endroit sur l'encolure de sorte que les crans coïncident précisément avec les coutures d'épaule. Couper la marge de couture et fixer la parmenture sur la couture d'épaule, (voir page 36).

Il faut désormais monter les manches. Fermer les coutures des manches, surfiler les marges de couture et ouvrir les coutures au fer.

Coudre une faufilure tout autour de la tête de manche en utilisant le point le plus long de la machine à coudre de sorte que la distance par rapport à la couture de manche soit de 6 cm environ à l'avant et à l'arrière dans la partie inférieure.

Enfiler la manche dans l'emmanchure de sorte que les crans à l'avant se superposent et que le cran supérieur dans la manche corresponde parfaitement à la couture d'épaule. Tirer ensuite avec prudence sur les points de la faufilure pour froncer légèrement la largeur des manches.

Coudre la manche avec une marge de couture de 1,5 cm et répartir la largeur à la main pour éviter la formation de plis. Cette étape nécessite un peu d'exercice, mais vous la trouverez de plus en plus facile au fur et à mesure. Ensuite, surfiler ensemble les marges de couture des manches et de l'emmanchure.

Coudre la partie de la jupe au niveau de la taille tout autour du bustier. Les coutures latérales coïncident parfaitement lorsque vous fixez les deux couches l'une sur l'autre en insérant des aiguilles dans le sens transversal. Surfiler ensemble les marges de couture et les repasser vers le haut en direction du bustier.

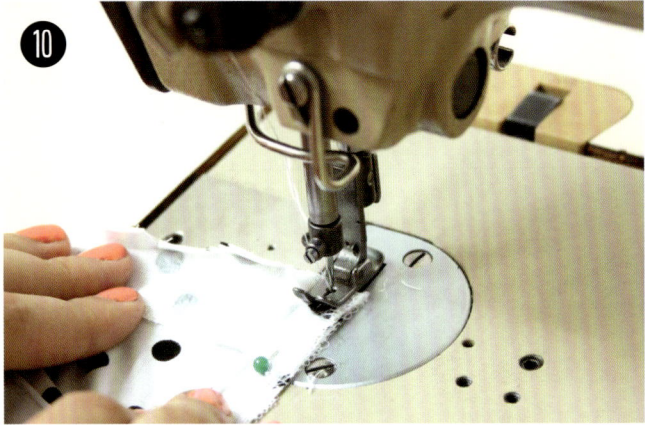

Surfiler aussi les marges de couture au milieu arrière du bustier. Coudre ensuite la fermeture Éclair au milieu arrière (voir page 40). Ourler alors la parmenture sur la fermeture Éclair en rabattant la parmenture endroit contre endroit sur la fermeture Éclair. Coudre cette couture à l'aide d'un pied-de-biche étroit ou d'un demi-pied-de-biche.

Couper les coins supérieurs en biais et tourner la parmenture. Cette dernière est disposée à plat sur la fermeture Éclair. Pendant cette étape, vous pouvez également monter la parmenture à l'intérieur à la main (voir page 44).

À la fin, piquer les ourlets. Terminer l'ourlet de la jupe comme un simple ourlet à la machine (voir page 37) et l'ourlet de manche comme un double ourlet à la machine (voir page 38).

ROBE CHEMISE HANNELIE

La robe Hannelie sera votre fidèle complice au printemps, en été et à l'automne. Cette robe est conçue à partir du patron de base Charlie, sans la couture à la taille et avec une pince de poitrine au niveau de la couture latérale. Ont également été ajoutés une boutonnière chic et un col à revers arrondi. Le bord de l'ourlet arrondi confère à la robe Hannelie une légère touche rétro. Sophia Loren aurait certainement porté cette jolie robe sur la Côte d'Azur, mais c'est à votre look quotidien qu'elle apportera une touche toute personnelle.

CE DONT VOUS AVEZ BESOIN

Fil à coudre bleu

Fil de faufilage

7 boutons bleus

Batiste en coton, de couleur bleue, avec imprimé (largeur du tissu : 1,5 m) : 2,3 m (toutes dimensions)

Entoilage, de couleur blanche (p. ex. G 405-10) : 0,6 m

DÉCOUPE DANS LE TISSU EXTÉRIEUR

Dos Hannelie court (SB 2) : 1x dans la pliure du tissu

Devant Hannelie (SB 2) : 2x

Manche Charlie en longueur ¾ (SB 4) : 2x

Ceinture Hannelie (SB 2) : 1x

Bordure aux manches Hannelie (SB 2) : 4x

Col 1 Hannelie (SB 2) : 4x

Col 2 Hannelie (SB 2) : 2x dans la pliure du tissu

Parmenture de col Hannelie (SB 2) : 1x dans la pliure du tissu

Parmenture devant Hannelie (SB 2) : 2x

DÉCOUPE DANS L'ENTOILAGE

Bordure aux manches Hannelie (SB 2) : 4x

Parmenture de col Hannelie (SB 2) : 1x dans la pliure du tissu

Parmenture devant Hannelie (SB 2) : 2x

Col 1 Hannelie (SB 2) : 4x

Col 2 Hannelie (SB 2) : 2x dans la pliure du tissu

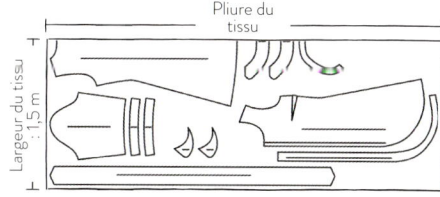

Marges de couture

Les marges de couture ne sont PAS comprises dans le patron. Ajouter 1,5 cm de marge de couture tout autour. Ajouter aussi 1,5 cm de marge de couture sur l'ourlet de la manche et 3 cm sur l'ourlet arrière de la jupe. Couper les marges de couture sur le col (voir page 34).

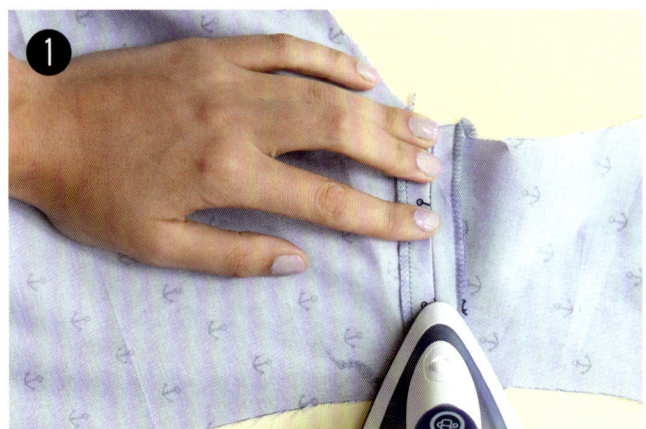

Fermer dans un premier temps les coutures des épaules et des manches, mais laisser les coutures latérales ouvertes. Puis surfiler les marges de couture et les ouvrir au fer. Coudre les pinces et les repasser vers le bas.

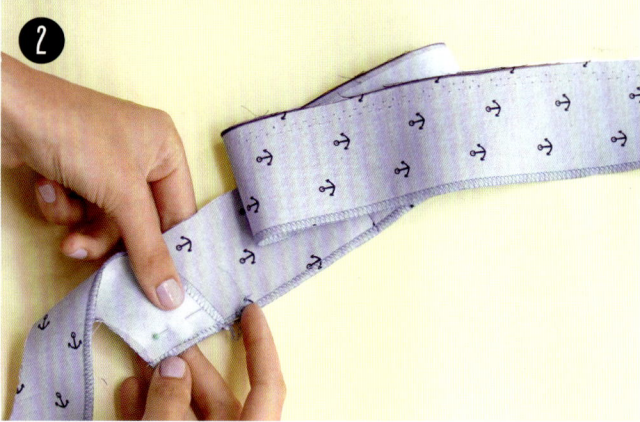

Surfiler sur la parmenture de col les bords extérieurs et les côtés courts et, sur les parmentures du devant, les bords intérieurs. Coudre ensuite la parmenture de col le long des côtés courts sur la parmenture du devant de façon à créer une parmenture continue.

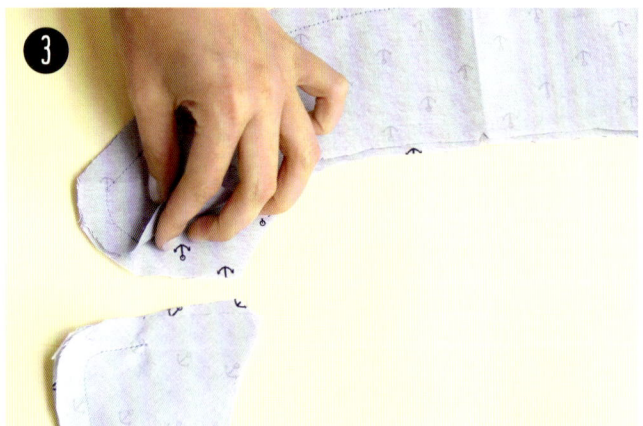

Coudre les parties du dessus de col le long des bords extérieurs, sur le dessous de col ajusté. S'arrêter au niveau des crans et faire un point d'arrêt. Ainsi, les côtés courts restent ouverts.

Fermer désormais les côtés courts du col en reliant le dessus et le dessous de col.

Terminer exactement au niveau du cran et fermer la couture en faisant quelques points arrière.

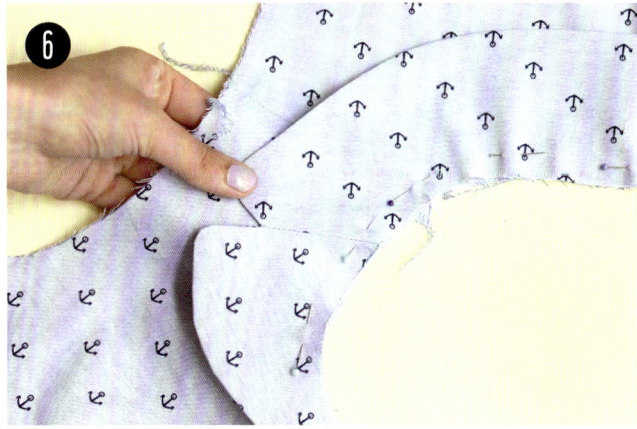

Ouvrir les marges de couture au fer, retourner le col et le repasser le long des bords extérieurs de sorte que la couture se trouve légèrement vers l'intérieur. Épingler le col endroit contre endroit sur l'encolure afin que les crans se superposent sur les coutures.

Coudre la parmenture endroit contre endroit sur le bord avant et l'encolure. Coudre avec le col.

Recouper les marges de couture et ajouter de petites incisions. Recouper en biais le coin avant. Puis retourner la parmenture et sous-piquer la couture sur la parmenture (voir page 36) en laissant toutefois un peu d'espace entre les deux côtés et le coin. La parmenture se repasse désormais à la perfection vers l'intérieur.

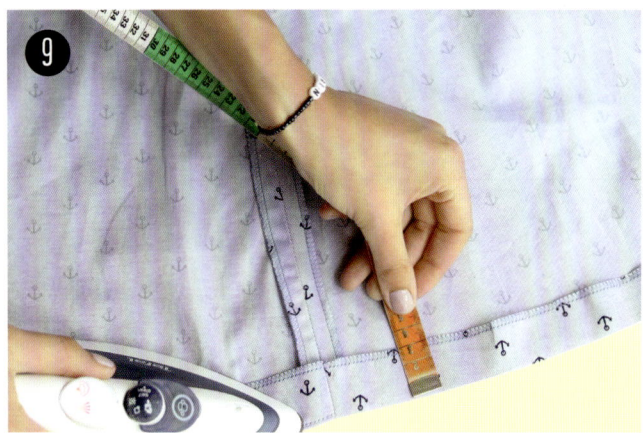

Surfiler aussi le bord inférieur sur le dos. Fermer sans interruption les coutures latérales, surfiler les marges de couture individuellement et les ouvrir au fer. Repasser l'ourlet arrière à 3 cm vers l'intérieur et fixer l'ourlet tout autour en faisant des points à la main (voir page 38).

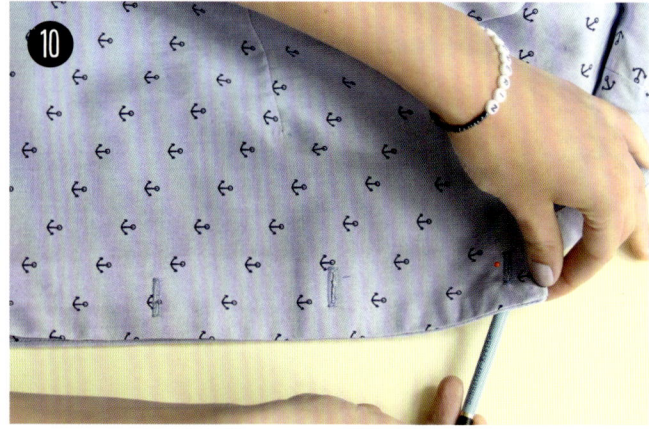

Passer désormais aux boutons et aux boutonnières (voir page 42).

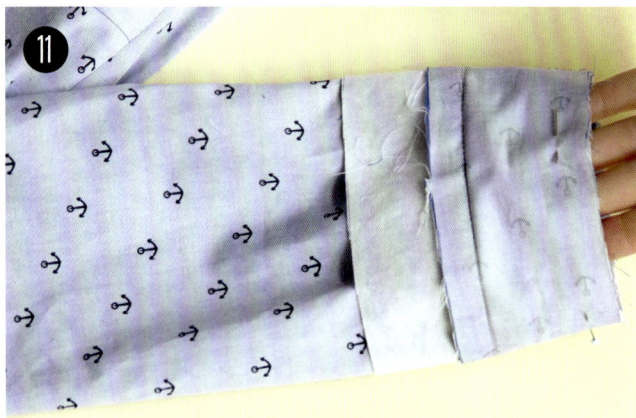

Coudre la manche sur le vêtement (voir page 69). Coudre les bordures de manche le long du bord supérieur et repasser le bord à plat. Puis coudre les bordures de manche endroit contre endroit sur l'ourlet de manche.

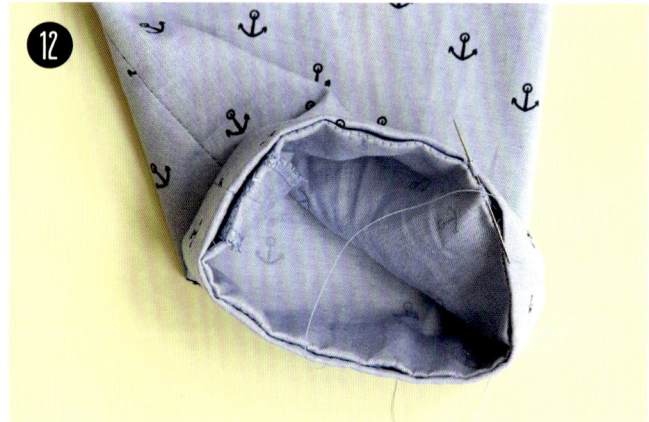

Rabattre enfin les marges de couture de la bordure de manche vers l'intérieur et coudre le bord ouvert en faisant quelques points invisibles (voir page 44). À présent, coudre les parties de la ceinture ensemble et retourner la ceinture (voir page 32).

ROBE SALOPETTE GOLDIE

La robe salopette Goldie fera honneur à tous vos hauts à rayures ! Elle est conçue à partir du patron de la robe Charlie. On y ajoute une ceinture préformée à la taille, des poches sur les côtés, une bavette et des bretelles. La toile de jean agrémentée de coutures surpiquées confère à la robe Goldie un aspect désinvolte. Cette robe peut également être confectionnée à base de velours ou d'autres tissus de pantalon. Pour l'été, pourquoi ne pas opter pour un ravissant modèle fleuri ?

CE DONT VOUS AVEZ BESOIN

Fil à coudre bleu

Fil pour jean marron résistant

Fil de faufilage

2 boutons marron

1 fermeture Éclair invisible bleue, longueur : 20 cm

Denim en coton ou chambray couleur bleu jean (largeur de tissu : 1,5 m) : 1,3 m (toutes dimensions)

Entoilage, de couleur blanche (p. ex. G 405-10) : 0,8 m

DÉCOUPE DANS LE TISSU EXTÉRIEUR

Devant de la jupe Goldie (SB 3) : 2 x

Arrière de la jupe Goldie (SB 4) : 2 x

Poche Goldie (SB 3) : 2 x

Bretelle Goldie (SB 4) : 2 x

Devant de la ceinture Goldie (SB 3) : 2 x dans la pliure du tissu

Arrière de la ceinture Goldie (SB 4) : 2 x dans la pliure du tissu

Bavette Goldie (SB 2) : 2 x

Poches doublées Goldie (SB 1) : 2 x

Poches plaquées Goldie (SB 1) : 2 x

DÉCOUPE DANS L'ENTOILAGE

Bretelle Goldie (SB 4) : 2 x

Devant de la ceinture Goldie (SB 3) : 2 x dans la pliure du tissu

Arrière de la ceinture Goldie (SB 4) : 2 x dans la pliure du tissu

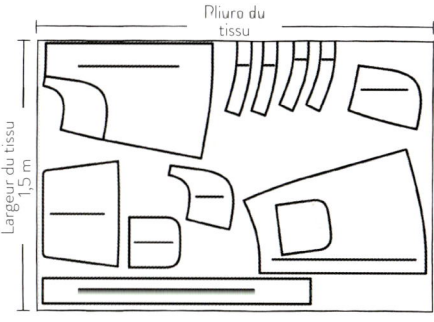

Marges de couture

Les marges de couture ne sont PAS comprises dans le patron. Ajouter 1,5 cm de marge de couture tout autour. Ajouter 3 cm de marge de couture sur l'ourlet de la jupe.

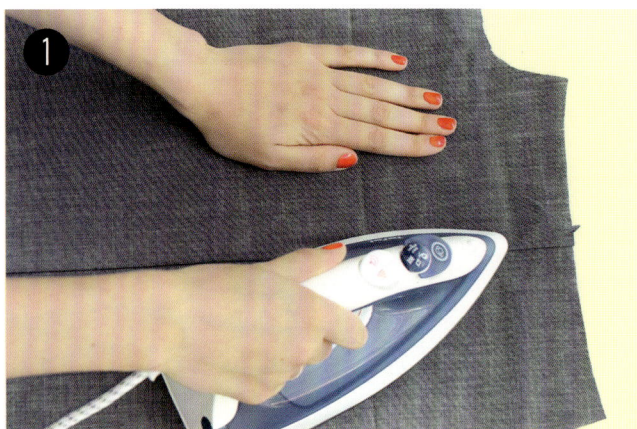

Coudre les coutures centrales sur l'avant et l'arrière de la jupe. Surfiler les coutures et les repasser vers le côté gauche.

Piquer désormais les coutures avec un fil plus épais dans une longueur de point plus grande à partir de la droite, une fois à ras des bords et une fois à une distance de 0,5 cm environ par rapport à la première couture. Utiliser le pied-de-biche comme mesure pour conserver la même distance.

Poser la poche doublée endroit contre endroit sur l'ouverture de la poche et les coudre ensemble en laissant une marge de couture de 1,5 cm. Inciser la couture et entailler l'arrondi de sorte que ce dernier tombe bien.

Repasser la poche doublée vers l'intérieur et piquer aussi en double l'ouverture de la poche.

Coudre endroit contre endroit la poche plaquée le long du bord plié sur la poche doublée de sorte qu'elle suive parfaitement la couture latérale et la couture à la taille. Surfiler la couture et coudre la poche doublée sur le dessus et sur le côté en faisant quelques points sur la jupe pour qu'elle ne glisse plus.

Surfiler les poches arrière tout autour. Avec du fil de faufilage, coudre avec un grand point à environ 1 cm du bord, tout autour des coins inférieurs. Repasser le bord extérieur vers l'intérieur. Pour que les arrondis tombent mieux, tirer doucement sur les extrémités des fils du point de faufilage.

À présent, repasser aussi la marge supérieure à 1,5 cm vers l'intérieur. Surpiquer cette dernière à partir de la droite à une distance de 1 cm par rapport au bord.

Surpiquer ensuite les poches selon le marquage sur la jupe. Laisser les aiguilles transversales sur la position souhaitée. Commencer dans le coin droit supérieur et coudre à ras des bords autour du bord inférieur jusqu'au coin gauche. Puis, coudre deux points le long du bord supérieur vers l'intérieur et à une distance de 0,5 cm environ par rapport à la première piqûre vers le coin droit.

Fermer les coutures latérales. Laisser une fente de 20 cm environ sur la couture latérale gauche. Surfiler les marges de couture et les ouvrir au fer.

Ourler les pièces de la bavette, couper les marges de couture et retourner la bavette. Repasser tout autour et surpiquer en double le bord extérieur.

Ourler les bretelles (voir page 32). Pour chaque bretelle, rabattre un des côtés courts d'environ 1 cm vers l'intérieur. Piquer les bretelles en double tout autour et fermer les côtés courts.

Coudre les épaisseurs de ceinture endroit contre endroit, laisser le côté gauche ouvert. Surfiler les marges de couture et les repasser. Épingler la bavette endroit contre endroit au milieu du bord supérieur de la ceinture et la fixer à environ 1 cm du bord en faisant des points de bâti. Fixer les bretelles exactement sur l'arrière de la ceinture. La distance entre les bretelles et le milieu arrière doit être de 7,5 cm environ.

Coudre la ceinture intérieure le long du bord supérieur sur la ceinture extérieure de sorte que la bavette et les bretelles se superposent. Couper les marges de couture et repasser la ceinture intérieure vers le bas. Repasser la marge de couture sur le bord inférieur de la ceinture intérieure à 1,5 cm vers l'intérieur.

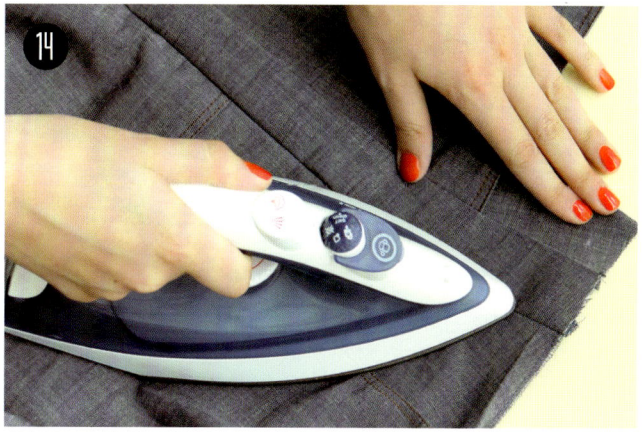

Coudre le bord inférieur de la ceinture extérieure tout autour du bord supérieur de la jupe. Repasser la marge de couture vers le haut dans la ceinture.

Rabattre la ceinture intérieure encore une fois vers le haut et insérer la fermeture Éclair (voir page 40). Piquer au point invisible le côté court de la ceinture intérieure sur la fermeture Éclair (voir page 44). Piquer en double la ceinture sur le côté court et border le côté ourlé de la ceinture intérieure. Piquer aussi en double le bord supérieur.

Coudre deux boutons sur la bavette, border les extrémités des bretelles en cousant les boutons de sorte que les bretelles se croisent dans le dos. Enfin, coudre un ourlet simple (voir page 37) à l'aide d'un fil épais également, en partant de la droite.

ROBE D'ENSEIGNANTE STÉPHANIE

Stéphanie est une jolie robe dont le modèle se base sur la coupe Charlie pour ce qui est du bustier et des manches. Elle est agrémentée par ailleurs de nombreux petits détails adorables. La jupe est légèrement froncée par les plis qui y sont intercalés. Le col plongeant rehaussé d'un nœud, les manchettes et la fermeture à bouton à l'arrière apportent une véritable touche esthétique. Que diriez-vous de vous confectionner une robe à porter au bureau, en utilisant du tissu blanc pour le bustier et les manches, une étoffe sombre pour la jupe, le tout agrémenté de boutons ?

CE DONT VOUS AVEZ BESOIN

Fil à coudre gris et blanc

Fil de faufilage

1 fermeture Éclair invisible grise, longueur : 50 cm

1 bouton blanc

Batiste en coton, de couleur grise avec imprimé (largeur du tissu : 1,5 m) : 1,8 m

Batiste en coton, de couleur blanche (largeur du tissu : 1,5 m) : 0,3 m

Batiste en coton, de couleur jaune (largeur du tissu : 1,5 m) : 0,1 m

Entoilage, de couleur blanche (p. ex. G 405-10) : 0,3 m

DÉCOUPE DANS LE TISSU EXTÉRIEUR

Devant Charlie (SB 3) : 1x dans la pliure du tissu

Dos Charlie (SB 4) : 2x

Devant de la jupe Stéph. (SB 2) : 1x dans la pliure du tissu

Arrière de la jupe Stéph. (SB 1) : 2x

Manche Charlie sur la longueur (SB 4) : 2x

Parmenture de col Stéph. (SB 3) : 1x dans la pliure du tissu

DÉCOUPE DANS DU TISSU DE CONTRASTE BLANC

Bordure aux manches Stéph. (SB 3) : 4x
Col Stéph. (SB 3) : 4x

JAUNE

Nœud Stéph. (SB 3) : 2x
Bande nœud (SB 3) : 1x

DÉCOUPE DANS L'ENTOILAGE

Parmenture de col Stéph. (SB 3) : 1x dans la pliure du tissu

Bordure aux manches Stéph. (SB 3) : 4x
Col Stéph. (SB 3) : 4x

Marges de couture

Les marges de couture ne sont PAS comprises dans le patron. Ajouter 1,5 cm de marge de couture tout autour. Ajouter aussi 1,5 cm de marge de couture sur l'ourlet de manche, 3 cm sur l'ourlet de jupe. Couper les marges de couture sur le col (voir page 34).

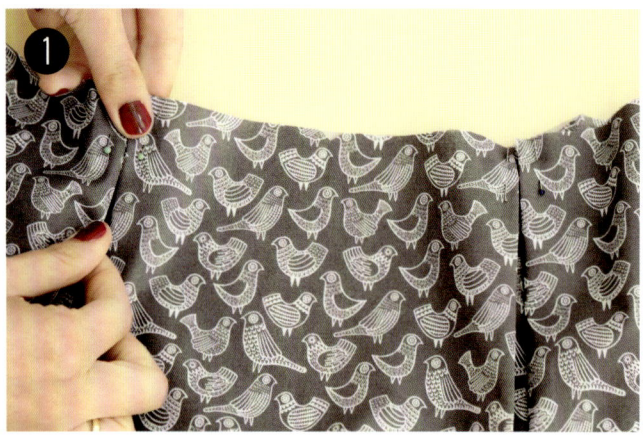

Répartir les plis à l'avant et à l'arrière sur la jupe et les fixer en faisant une courte faufilure.

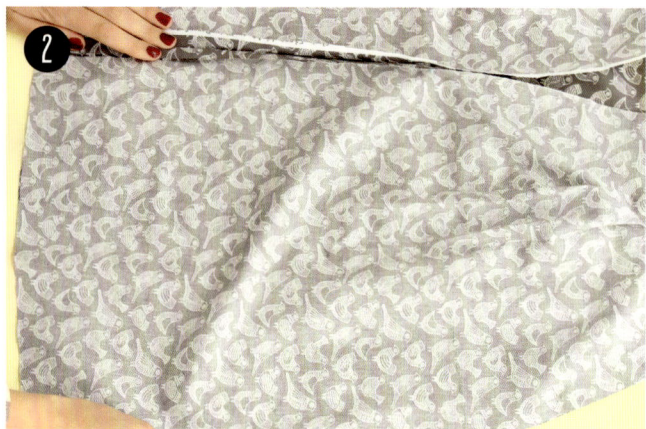

Coudre les coutures latérales sur la jupe et le bustier. Sur la jupe, fermer la couture centrale arrière jusqu'au marquage. Coudre les coutures d'épaule et les pinces du bustier. Surfiler toutes les marges de couture et les ouvrir au fer. Couper les pinces sur 1,5 cm, les surfiler et les repasser vers l'extérieur.

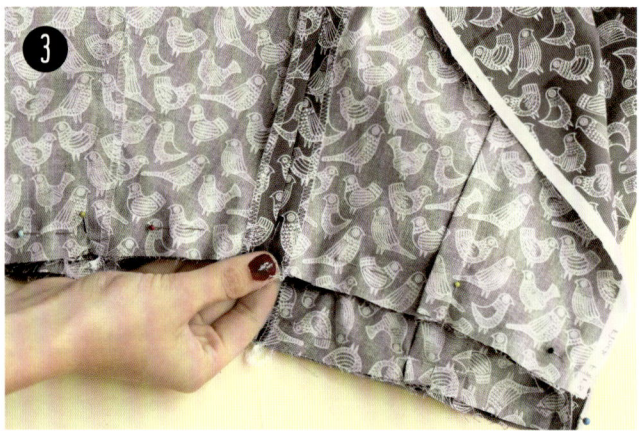

Coudre le bustier et la jupe au niveau de la taille et veiller à ce que les pinces se superposent exactement au milieu sur les plis de la jupe. À la fin, il est possible de surfiler les marges de couture ensemble et de les repasser sur le bustier.

Fermer les coutures des manches, surfiler les marges de couture séparément et les ouvrir au fer. Coudre les manches dans l'emmanchure (voir page 69). Ourler ensuite le bord supérieur des manchettes et le coudre sur les manches (voir page 76).

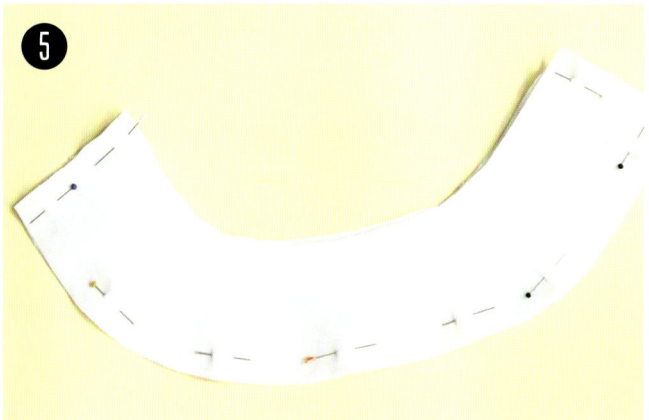

Coudre le dessus et le dessous de col l'un sur l'autre, couper le surplus et retourner le col. Le repasser à plat et le coudre le long des crans en faisant une faufilure sur l'encolure.

Couper un petit passant d'environ 6 cm de long, y compris la marge de couture du tissu.

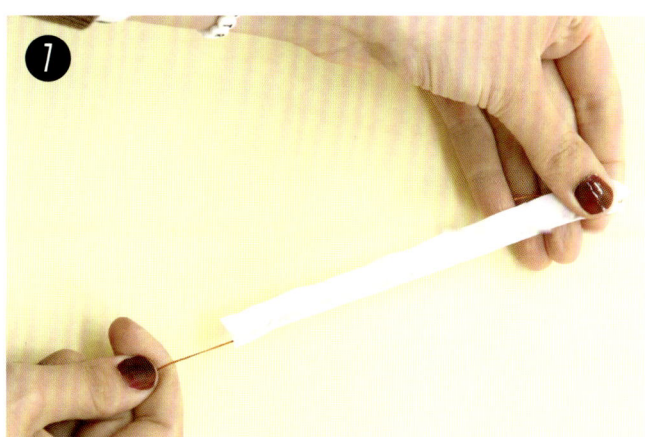

Plier cette bande en deux sur la longueur et coudre les deux parties ensemble de façon à créer une bande de 0,5 cm de large environ. À la fin, vous pouvez passer à une largeur de 1 cm environ – ainsi, la bande se retournera plus facilement. Retourner la bande (voir page 32).

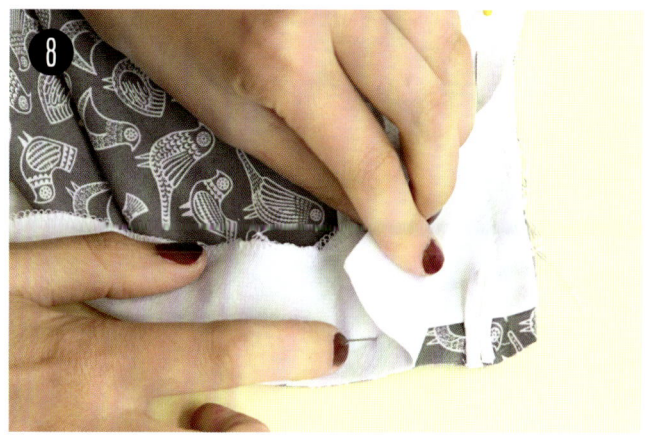

À partir de cette bande, fabriquer un petit passant que vous coudrez à gauche sur la partie arrière.

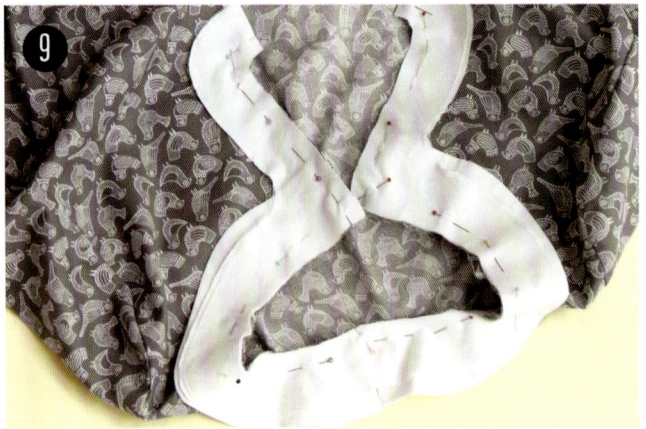

Coudre la parmenture tout autour de l'encolure et surpiquer le col. Couper les marges de couture et retourner la parmenture vers l'intérieur (voir page 36). Coudre un bouton sur l'encolure arrière, à l'opposé du passant.

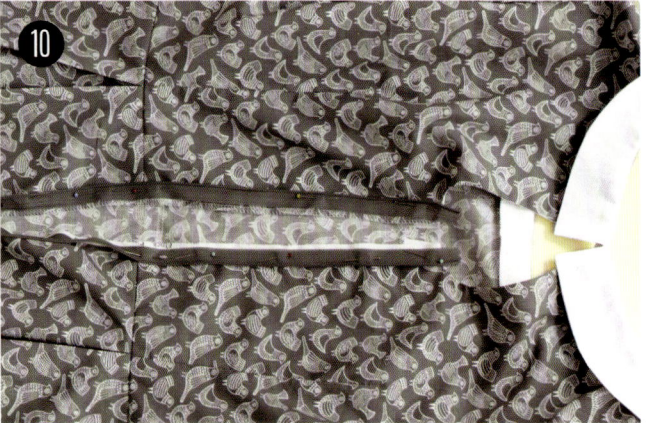

Coudre la fermeture Éclair au centre du dos (voir page 40). Fixer la lisière de la parmenture en faisant quelques points invisibles sur la fermeture Éclair (voir page 44).

Ourler le rectangle du nœud et fermer l'ouverture en faisant quelques points (voir page 32). Fixer le pli au centre en faisant quelques points à la main. Puis ourler le deuxième rectangle de façon à créer une bande de tissu. Enrouler cette dernière autour du nœud et fixer les extrémités en faisant quelques points à la main.

Puis coudre le nœud à la main sur la robe. La dernière étape consiste à ourler la jupe à la main (voir page 38).

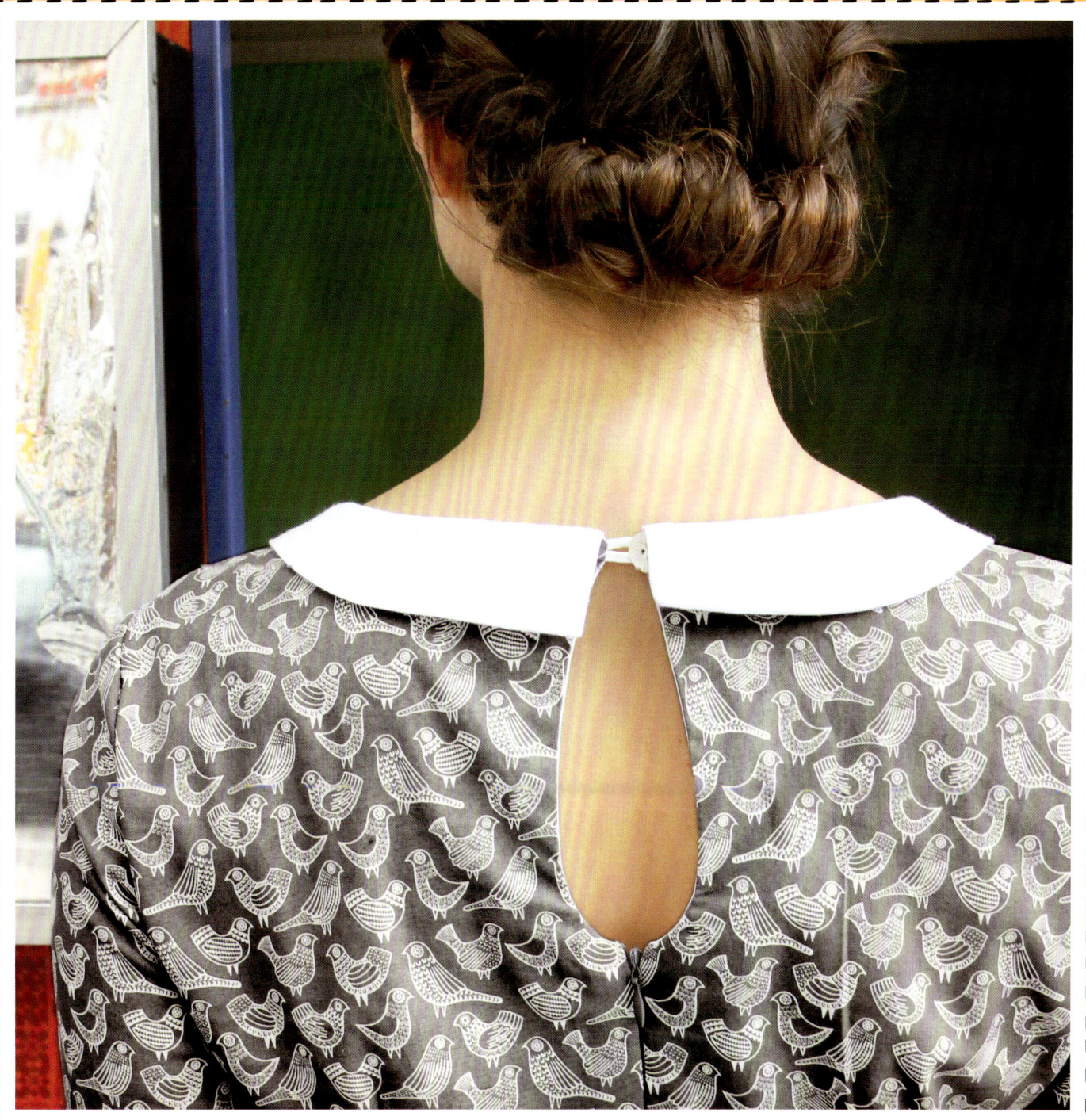

ROBE PULL ELLIE

Grâce aux poches de la robe Ellie, vous avez dès maintenant les mains libres ! Elles se combinent joyeusement avec le motif à rayures en arrière-plan qui reste discret. Portée avec un cardigan noir ou rouge, la robe Ellie est parfaite pour tous les jours – et, en soirée, elle crée un effet de surprise grâce à son encolure profonde dans le dos et à son nœud qui la maintient. La couture à la taille du patron de base a été supprimée afin de donner à la robe un look plus désinvolte. Les pinces de poitrine garantissent une coupe parfaite tandis que les manchettes rouges apportent la touche finale aux manches trois-quarts.

CE DONT VOUS AVEZ BESOIN

Fil à coudre blanc et rouge

Fil de faufilage

Jersey de viscose avec des rayures noires et blanches (largeur de tissu : 1,5 m) : 1,9 m (toutes dimensions)

Jersey de viscose rouge (largeur de tissu : 1,5 m) : 0,2 m

DÉCOUPE DANS LE TISSU EXTÉRIEUR

Devant Ellie (SB 3) : 1x dans la pliure du tissu
Dos Ellie (SB 3) : 1x dans la pliure du tissu
Manche Charlie en longueur ¾ (SB 4) : 2x
Parmenture de col Ellie avant (SB 3) : 1x dans la pliure du tissu
Parmenture de col Ellie dos (SB 3): 2x dans la pliure du tissu

DÉCOUPE DANS DU TISSU DE CONTRASTE ROUGE

Nœud Ellie (SB 3) : 2x
Bande nœud Ellie (SB 3) : 1x
Bordure aux manches Ellie (SB 3) : 2x
Poche Ellie (SB 3) : 2x

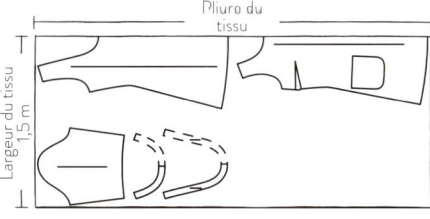

Marges de couture

Les marges de couture ne sont PAS comprises dans le patron. Ajouter 1,5 cm de marge de couture tout autour. Ajouter aussi 1,5 cm de marge de couture sur l'ourlet de manche, 3 cm sur l'ourlet de jupe.

Coudre les pinces arrière et les repasser vers le bas. Puis coudre les coutures latérales, tout d'abord avec la machine à coudre normale et un point droit en superposant exactement les rayures sur les aiguilles transversales et en les surpiquant lentement avec une marge de couture de 1,5 cm.

Coudre une nouvelle fois les coutures avec la surjeteuse ou un point zigzag afin de pratiquement recouvrir les points droits. De cette façon, vous vous assurez que les rayures coïncident parfaitement et que les coutures ne craqueront pas sous l'effet de l'étirement de la robe. Couper les marges de couture. Fermer les coutures d'épaule avec une couture élastique.

Préparer les poches, comme pour la robe Goldie (voir page 81). Les épingler avec des aiguilles transversales sur le tissu et les coudre à ras des bords en faisant des points droits.

Ourler les parties du nœud sur les bords supérieur et inférieur et retourner le nœud. Fixer les plis au centre en faisant quelques points à la main. Retourner la petite bande vers l'extérieur et coudre les extrémités avec un demi-pied-de-biche ou en faisant quelques points à la main. Rabattre la marge de couture vers l'intérieur pour qu'elle ne soit pas visible sur l'endroit.

Fixer le nœud en faisant quelques points de bâti entre les crans sur l'encolure arrière.

Épingler la manche avec des aiguilles transversales dans l'emmanchure afin de faire coïncider les rayures.

Coudre la manche tout d'abord avec des points droits, puis surpiquer lentement sur les aiguilles. Essayer de répartir la largeur avec les mains sans faire de plis. Surfiler la couture avec des points zigzag ou une couture overlock pour pratiquement recouvrir les points droits.

Fermer les coutures d'épaule sur la parmenture et la couture centrale arrière et les surfiler. Épingler la parmenture sur l'encolure.

Coudre la parmenture en faisant des points droits tout autour sur l'encolure. Surpiquer le nœud.

Couper les marges de couture et retourner la parmenture vers l'intérieur. Repasser la couture à plat. Piquer l'encolure de dos à environ 2 cm du bord en faisant des points droits. Les aiguilles transversales permettent ici de ne pas glisser.

Coudre la bordure aux manches avec une couture élastique le long des côtés courts.

Rabattre les manchettes de sorte que les coutures se trouvent à l'intérieur. Les coudre avec une couture élastique tout autour des manches. Repasser les marges vers le haut dans la manche. Terminer la robe avec un ourlet simple (voir page 37) réalisé avec des points droits en partant de la droite.

ROBE AMÉLIE

Pour la robe Amélie, la couture à la taille a également été supprimée et la pince a été déplacée sur le côté. Une ceinture à nouer met en valeur la silhouette tandis que la boutonnière à l'avant et le col plié attirent tous les regards. Le charmant empiècement en dentelle au dos fait de cette petite robe noire la tenue parfaite pour chaque grande occasion. Elle serait aussi ravissante en couleur pour tous les jours. Que diriez-vous de créer une robe Amélie couleur jaune moutarde, rouge betterave ou vert émeraude ?

CE DONT VOUS AVEZ BESOIN

Fil à coudre noir
Fil de faufilage
7 boutons noirs
Tissu stretch en coton de couleur noire
(largeur du tissu : 1,5 m) : 2 m (toutes dimensions)
Dentelle noire : 0,2 m
Entoilage de couleur noire
(p. ex. G 405-10) : 1,6 m
Élastique : le couper en fonction de la circonférence du bras. Se reporter aux dimensions indiquées dans le tableau des dimensions (2 x).

DÉCOUPE DANS LE TISSU EXTÉRIEUR

Devant Amélie (SB 1) : 2 x
Derrière Amélie (SB 1) : 1 x dans la pliure du tissu
Parmenture Amélie devant (SB 1) : 2 x
Ceinture Hannelie (SB 2) : 1 x
Parmenture de col Hannelie (SB 2) : 1 x dans la pliure du tissu
Col Amélie (SB 1) : 2 x dans la pliure du tissu
Manche courte Charlie (SB 4) : 2 x

DÉCOUPE DANS DU TISSU DE CONTRASTE EN DENTELLE

Dos Amélie empiècement (SB 1) : 1 x dans la pliure du tissu

DÉCOUPE DANS L'ENTOILAGE

Parmenture de col Hannelie (SB 2) : 1 x dans la pliure du tissu
Parmenture Amélie dos (SB 1) : 2 x
Col Amélie (SB 1) : 2 x dans la pliure du tissu

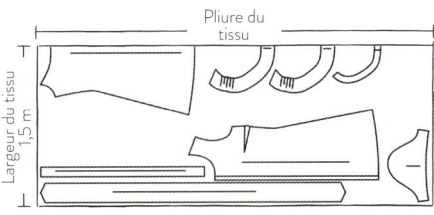

Marges de couture

Les marges de couture ne sont PAS comprises dans le patron. Ajouter 1,5 cm de marge de couture tout autour. Ajouter aussi 1,5 cm de marge de couture sur l'ourlet de manche, 3 cm sur l'ourlet de jupe. Couper les marges de couture sur le col (voir page 34).

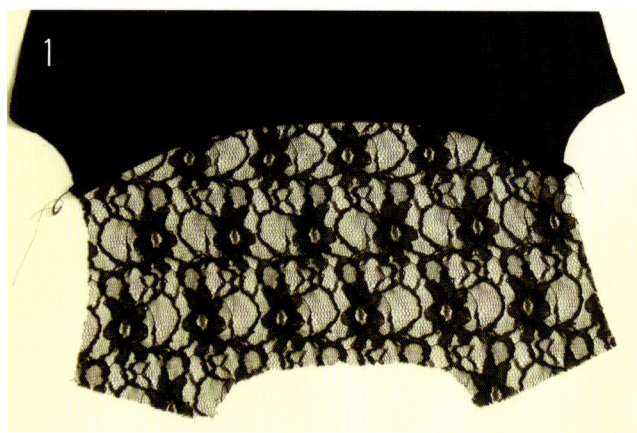

Coudre l'empiècement en dentelle endroit contre endroit sur le dos en faisant un point droit.

Surfiler la marge de couture, l'ouvrir au fer vers le bas et piquer la couture à la largeur du pied-de-biche. Coudre l'empiècement en dentelle également endroit contre endroit sur les coutures d'épaule du devant. Surfiler la marge de couture et la repasser vers l'avant. Piquer aussi cette couture à la largeur du pied-de-biche.

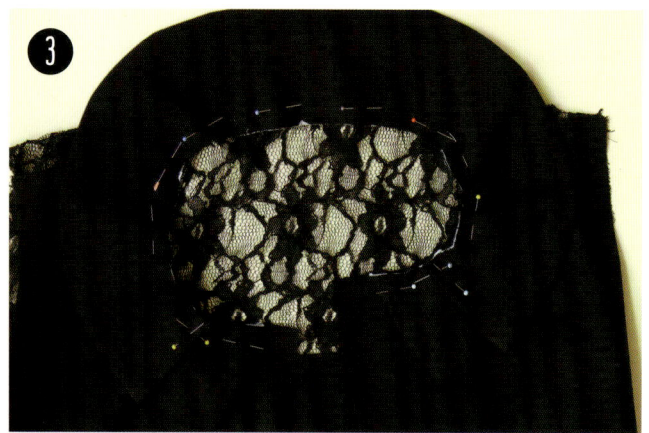

Ourler le col (voir page 34). Réaliser le pli, comme indiqué sur le patron. Fixer le col sur l'encolure de façon à faire coïncider les crans.

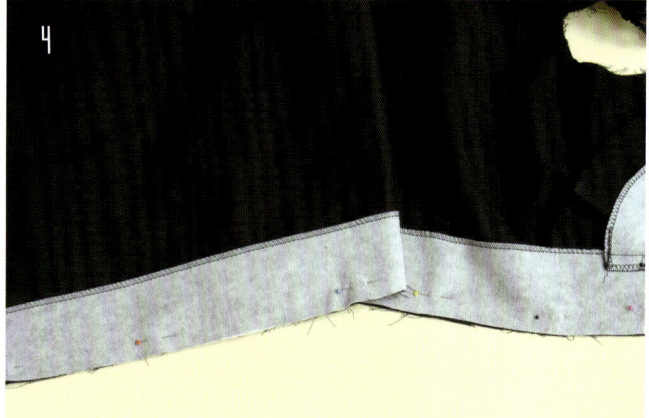

Surfiler les bords de la parmenture et les coudre l'un sur l'autre, comme décrit pour la robe Hannelie (voir page 74). Coudre la parmenture sur l'encolure et le bord avant et surpiquer le col. Sur l'ourlet, coudre la parmenture à 1,5 cm du bord inférieur de la parmenture. Couper les marges de couture (voir page 36) et retourner la parmenture vers l'intérieur.

Repasser le bord de la parmenture vers l'intérieur et l'ourlet à 3 cm vers le haut. Le coudre comme un ourlet simple (voir page 37).

Piquer à la largeur du pied-de-biche la parmenture sur l'encolure, en dessous du col, de sorte que le tissu soit bien à plat à l'avant et à l'arrière. Maintenant que la parmenture est bien à plat, coudre les boutonnières et les boutons (voir page 42).

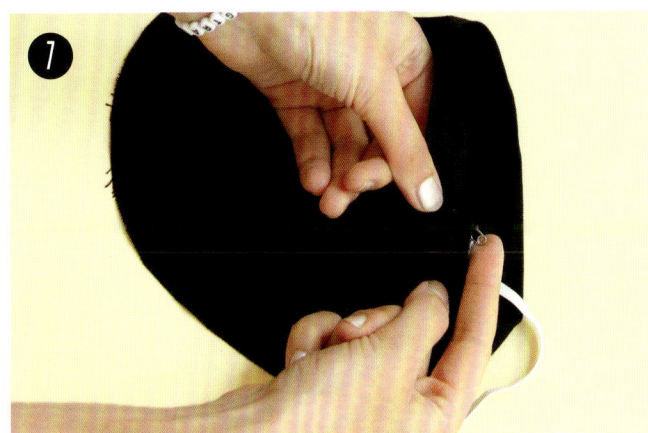

Coudre et surfiler les coutures des manches et ouvrir au fer les marges de couture. Surfiler aussi les bords inférieurs des manches et les repasser à 2 cm vers l'intérieur. Piquer l'ourlet à 1,5 cm du bord tout en laissant une fente d'environ 3 cm de large. Couper l'élastique et insérer une épingle à nourrice à son extrémité. Passer l'épingle à nourrice dans le tunnel existant.

Coudre les extrémités ouvertes de l'élastique avec deux coutures à plat l'une sur l'autre. Fermer ensuite les fentes avec quelques points. Coudre les manches et surfiler les marges de couture. Confectionner enfin la ceinture (voir page 32).

ROBE PETER PAN BIRDIE

La robe Birdie, avec ses boutons arrondis et son double col Claudine, évoque le style des années soixante. La couture à la taille a été abandonnée au profit d'une forme en A élancée. Les poches en biais arrondies, qui contrastent avec le reste de la robe, sont pratiques. La coupe confortable, l'élasticité du tissu et les nombreux détails font de la robe Birdie une alliée fidèle de chaque jour. Elle peut également être élégante – que diriez-vous par exemple d'un modèle en velours vert bouteille ou noir ?

CE DONT VOUS AVEZ BESOIN

Fil à coudre jaune moutarde, blanc et noir

Fil de faufilage

3 boutons noirs

Jersey romanite jaune moutarde (largeur de tissu : 1,5 m) : 2,1 m (toutes dimensions)

Batiste en coton, de couleur noire, avec imprimé (largeur du tissu : 1,5 m) : 0,5 m

Batiste en coton, de couleur blanche (largeur du tissu : 1,5 m) : 0,15 m

Entoilage, de couleur blanche (p. ex. G 405-10) : 0,5 m

DÉCOUPE DANS LE TISSU EXTÉRIEUR

Devant Birdie (SB 4) : 1 x dans la pliure du tissu

Dos Hannelie court (SB 2) : 1 x dans la pliure du tissu

Manche Birdie (SB 4) : 2 x

Parmenture de col Birdie (SB 4) : 1 x dans la pliure du tissu

DÉCOUPE DANS DU TISSU DE CONTRASTE NOIR

Poche doublée Birdie (SB 4) : 2 x

Poche plaquée Birdie (SB 4) : 2 x

Bordure aux manches Birdie (SB 4) : 4 x

Col Birdie 1 (SB 3) : 4 x

Col Birdie 2 (SB 4) : 2 x dans la pliure du tissu

BLANC

Empiècement Birdie (SB 4) : 2 x

DÉCOUPE DANS L'ENTOILAGE

Parmenture de col Birdie (SB 4) : 1 x dans la pliure du tissu

Bordure aux manches Birdie (SB 4) : 4 x

Col Birdie 1 (SB 3) : 4 x

Col Birdie 2 (SB 4) : 2 x dans la pliure du tissu

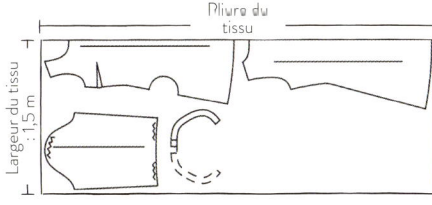

Marges de couture

Les marges de couture ne sont PAS comprises dans le patron. Ajouter 1,5 cm de marge de couture tout autour. Ajouter aussi 1,5 cm de marge de couture sur l'ourlet de la manche et 3 cm sur l'ourlet arrière de la jupe. Couper les marges de couture sur le col (voir page 34).

Ourler l'empiècement et le coudre au ras des bords sur le devant.

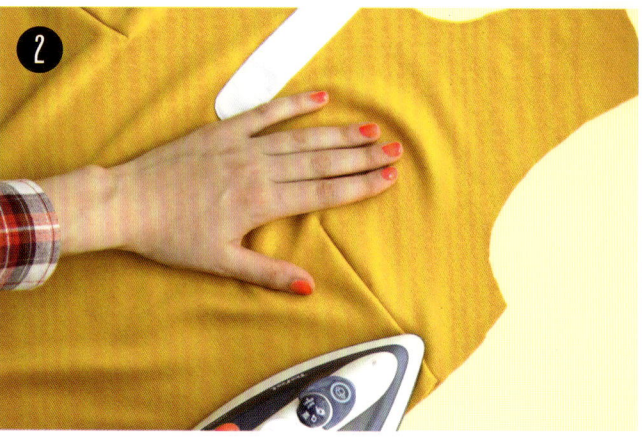

Coudre les pinces du devant et les repasser vers le bas.

Coudre sur le vêtement les coutures d'épaule avec un point élastique, surfiler les marges de couture ensemble et les repasser vers l'arrière. Ourler le col claudine arrière et la partie arrière du col.

Faufiler le col en suivant les marquages sur le vêtement de sorte que le col arrière chevauche le col avant.

Coudre la couture centrale sur la parmenture et la surfiler. Surfiler aussi le bord extérieur de la parmenture. Coudre ensuite la parmenture avec un point droit tout autour de l'encolure et surpiquer le col. Couper les marges de couture (voir page 34) et retourner la parmenture vers l'intérieur. Fixer la parmenture en faisant quelques points sur les coutures d'épaule.

Coudre la poche doublée endroit contre endroit en faisant un point droit sur le devant. Couper les marges de couture et retourner la poche doublée vers l'intérieur.

Coudre ensuite la poche plaquée sur la poche doublée. Surfiler la marge de couture et fixer les poches en faisant quelques points sur les coutures latérales.

Fermer les coutures latérales, surfiler les marges de couture et les repasser vers l'arrière.

Coudre chaque manchette sur les côtés courts, surfiler les marges de couture séparément et les ouvrir au fer. Ourler les manchettes sur le bord inférieur et repasser le bord vers l'intérieur.

Coudre la couture de manche en faisant des points élastiques. Coudre avec le plus grand point de la machine à coudre entre les marquages autour de la tête de manche et de l'ourlet de la manche. Tirer doucement sur les extrémités du fil de manière à froncer le tissu. Coudre la manchette tout autour en faisant un point overlock ou zigzag sur l'ourlet de la manche.

Coudre la manche en faisant des points élastiques dans l'emmanchure. Répartir la largeur afin de réaliser une petite manche bouffante.

Terminer le pli de l'ourlet avec un ourlet simple, en faisant quelques points droits. Enfin, coudre trois boutons sur l'empiècement et fixer la parmenture sur l'envers.

ROBE EN TWEED VALÉRIE

La robe en tweed Valérie est parfaite pour aller au travail. En effet, que ce soit au bureau ou à l'université, elle met en valeur votre silhouette tout en étant confortable à porter. Le tour de poitrine de la robe Valérie est froncé. Grâce aux plis insérés dans la jupe, cette dernière prend une forme légèrement oscillante. À noter un détail particulier, les martingales sur le devant et dans le dos. La robe Valérie n'est pas seulement jolie, elle est également très pratique : dans la couture latérale se cachent en effet de grandes poches en biais.

CE DONT VOUS AVEZ BESOIN

Fil à coudre gris

Fil de faufilage

3 boutons gris

1 fermeture Éclair invisible grise, longueur : 50 cm

Fibre composite en laine et acrylique grise (largeur de tissu : 1,5 m) : 1,2 m (toutes dimensions)

Doublure de couleur grise : 1,1 m

Entoilage de couleur blanche (p. ex. G 405-10) : 0,1 m

DÉCOUPE DANS LE TISSU EXTÉRIEUR

Devant Valérie (SB 3) : 1x dans la pliure du tissu

Dos Valérie (SB 3) : 2x

Devant de la jupe Stéphanie (SB 2) : 1x dans la pliure du tissu

Arrière de la jupe Stéphanie (SB 1) : 2x

Martingale Valérie avant (SB 3) : 2x

Mar rie arrière (SB 3) : 2x

DÉCOUPE DANS LA DOUBLURE

Poche doublée Valérie (SB 3) : 4x

Devant Valérie (SB 3) : 1x dans la pliure du tissu

Dos Valérie (SB 3) : 2x

Devant de la jupe Stéphanie (SB 2) : 1x dans la pliure du tissu

Arrière de la jupe Stéphanie (SB 1) : 2x

DÉCOUPE DANS L'ENTOILAGE

Martingale Valérie avant (SB 3) : 2x

Martingale Valérie arrière (SB 3) : 2x

Marges de couture

Les marges de couture ne sont PAS comprises dans le patron. Ajouter 1,5 cm de marge de couture tout autour. Ajouter 3 cm de marge de couture sur l'ourlet de la jupe. Couper les marges de couture sur la jupe en doublure (voir page 62).

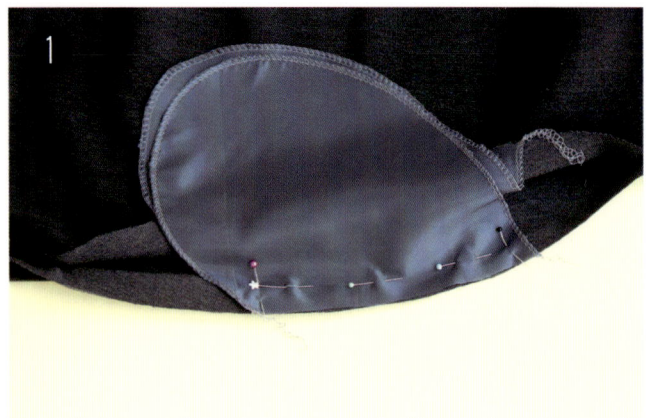

Surfiler le bord arrondi de la poche doublée. La coudre précisément d'un cran à l'autre, endroit contre endroit, sur une couture latérale de façon à laisser 1,5 cm de chaque côté.

Fermer désormais les coutures latérales. Laisser l'ouverture entre les crans ouverte et terminer ou commencer précisément au niveau de la couture précédemment cousue. Tirer la poche doublée en cousant les coutures latérales pour ne pas se piquer.

Fermer la poche doublée en cousant ensemble les deux épaisseurs. Commencer et terminer précisément au niveau de la première couture, à 1,5 cm du bord droit de la poche doublée.

Surfiler séparément les marges de couture de la couture latérale en piquant le bord droit de la poche doublée. Repasser les marges de couture vers l'avant. Fermer la couture centrale arrière de la jupe jusqu'au marquage et surfiler les marges séparément. Ouvrir au fer les marges de couture.

Coudre sur le bustier les coutures latérales et d'épaule, les surfiler individuellement et les ouvrir au fer. Coudre et surfiler la couture centrale arrière sur le bustier. Sur le bustier, réaliser une faufilure de cran à cran, sur le devant et dans le dos, de chaque côté. Tirer sur l'extrémité de la couture pour froncer le tissu. Répartir les fronces sur la jupe (voir page 86).

Coudre la couture à la taille. Répartir uniformément l'embu. Surfiler les marges de couture de la couture à la taille et les repasser dans le bustier. Ourler la martingale arrière et réaliser une boutonnière (voir page 42). Fixer la martingale au-dessus du cran sur la couture centrale arrière gauche. Insérer la fermeture Éclair dans la couture centrale arrière (voir page 40).

Travailler la doublure en sens inverse par rapport au vêtement extérieur. Placer la doublure endroit contre endroit sur le vêtement extérieur. Ourler les deux vêtements le long de l'encolure et de la fermeture Éclair.

Couper les bords et retourner la robe. Sous-piquer la couture de l'encolure pour qu'elle tienne mieux.

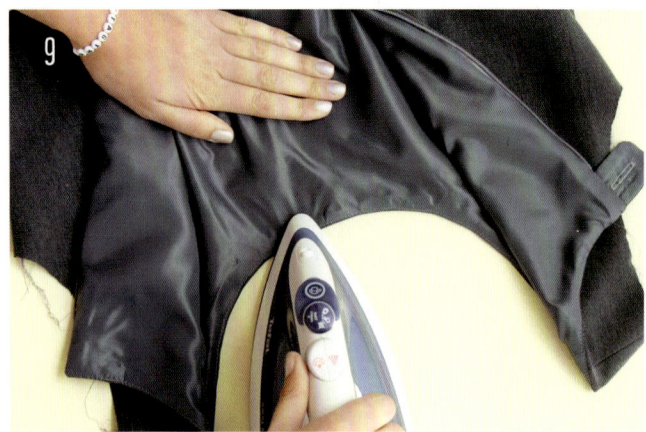

Repasser la couture vers l'intérieur.

Saisir l'emmanchure par en dessous et tirer ensemble les marges de couture du vêtement extérieur et de la doublure au niveau de l'emmanchure à travers le vêtement, du bas vers l'extérieur.

Coudre petit à petit les marges sur l'emmanchure. Couper les marges de couture et retourner le vêtement à l'endroit.

Piquer le vêtement extérieur en faisant un ourlet à la main (voir page 38). Piquer la doublure en faisant un ourlet simple (voir page 38). Ourler la martingale arrière (voir page 32). La coudre en faisant quelques points à la main sur le devant de la robe, au milieu. Enfin, coudre deux boutons sur la martingale de devant et un bouton dans le dos, sur l'endroit de la robe.

ROBE BUSTIER ROSALIE

La robe Rosalie est ravissante pour les chaudes journées d'été ! Conçue à partir de batiste en coton brodé et agrémentée de plis au niveau de la jupe, elle est élégante, et son tissu léger contribue à sa forme élancée et aérienne. Le bustier n'est pas cintré avec les pinces, mais avec des coutures de séparation continues. Les fines bretelles confèrent à cette robe un adorable look rétro. De plus, dans la mesure où une batiste unie est disposée sous la broderie anglaise délicate, aucun filet de lumière ne passe à travers.

CE DONT VOUS AVEZ BESOIN

Fil à coudre blanc

Fil de faufilage

Bordure blanche à placer sur l'ourlet : 1,7 m

1 fermeture Éclair invisible blanche, longueur : 50 cm

Batiste en coton, de couleur blanche, brodé (largeur du tissu : 1,5 m) : 1,3 m (toutes dimensions)

Doublure : batiste en coton, de couleur blanche (largeur du tissu : 1,5 m) : 1,3 m

DÉCOUPE DANS LE TISSU EXTÉRIEUR

Devant milieu Rosalie (SB 2) : 1x dans la pliure du tissu

Devant côté Rosalie (SB 2) : 2x

Dos milieu Rosalie (SB 2) : 2x

Dos côté Rosalie (SB 2) : 2x

Devant de la jupe Stéphanie (SB 2) : 1x dans la pliure du tissu

Arrière de la jupe Stéphanie (SB 1) : 2x

Ceinture Rosalie (SB 2) : 1x dans la pliure du tissu

Bretelles Rosalie (SB 2) : 2x

DÉCOUPE DANS LA DOUBLURE

Devant milieu Rosalie (SB 2) : 1x dans la pliure du tissu

Devant côté Rosalie (SB 2) : 2x

Dos milieu Rosalie (SB 2) : 2x

Dos côté Rosalie (SB 2) : 2x

Devant de la jupe Stéphanie (SB 2) : 1x dans la pliure du tissu

Arrière de la jupe Stéphanie (SB 1) : 2x
Ceinture Rosalie (SB 2) : 1x dans la pliure du tissu

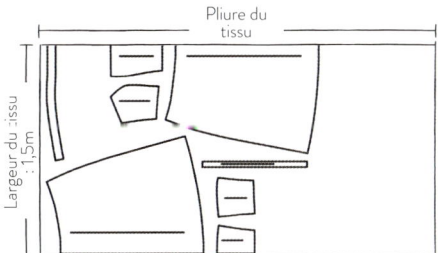

Marges de couture

Les marges de couture ne sont PAS comprises dans le patron. Ajouter 1,5 cm de marge de couture tout autour. Ajouter aussi 1,5 cm de marge de couture sur l'ourlet de manche et seulement 1,5 cm sur l'ourlet de jupe en raison de la bordure.

❶ Coudre les coutures d'épaule et latérales sur le bustier. Coudre les coutures de séparation à l'avant et à l'arrière du côté plié, répartir uniformément l'embu de sorte que les crans coïncident. Coudre les coutures latérales sur la jupe et fermer la couture centrale arrière jusqu'au début de la fermeture Éclair.

❷ Repasser les coutures sur le devant et le dos jusqu'au milieu, ainsi que les coutures latérales vers l'arrière. Surfiler les marges de couture ensemble. Ouvrir au fer la couture centrale arrière et la surfiler individuellement.

❸ Repasser les coutures sur le devant et le dos jusqu'au milieu, ainsi que les coutures latérales vers l'arrière. Surfiler les marges de couture ensemble. Ouvrir au fer la couture centrale arrière et la surfiler individuellement.

❹ Travailler la doublure en sens inverse.

❺ Coudre sur le milieu arrière une fermeture Éclair invisible dans le vêtement extérieur (voir page 40).

❻ Ourler les bretelles (voir page 32) et les coudre au ras des bords en faisant une courte faufilure sur le marquage à l'avant ou à l'arrière pour les fixer provisoirement.

❼ Placer la doublure endroit contre endroit sur le vêtement extérieur. Coudre les deux épaisseurs sur le bord supérieur et la fermeture Éclair. Les bretelles sont placées sur le bord supérieur. Couper désormais les marges de couture (voir page 34) et retourner la robe à l'endroit.

❽ Sous-piquer au ras des bords le bord supérieur sur la doublure (voir page 126). Ainsi, le bord a un plus joli tombé. Repasser la doublure vers l'intérieur.

❾ Coudre les extrémités de la bordure ensemble, surfiler les marges de couture et coudre la bordure endroit contre endroit tout autour de l'ourlet du vêtement extérieur. Surfiler les marges de couture ensemble, les repasser vers le haut dans le vêtement et repiquer la couture à partir de l'extrémité droite, à la largeur du pied-de-biche.

❿ Travailler l'ourlet de la doublure comme un ourlet double (voir page 38).

ROBE PORTEFEUILLE KATIE

Un classique ! Conçue ici à partir de tissu tissé, cette robe peut également être confectionnée avec du jersey ou de la viscose fluide. La largeur a été plissée sur le bustier avant. Les bords avant sont croisés et fixés avec une ceinture. Cette robe légère est tout simplement splendide en été et se combine bien, en intersaison, avec un tee-shirt à manches longues et des collants. En automne et en hiver, la robe Katie peut tout à fait être réalisée avec l'une des manches détaillées dans ce livre.

CE DONT VOUS AVEZ BESOIN

Fil à coudre rouge
Fil de faufilage
Batiste en coton, de couleur rouge, avec imprimé (largeur du tissu : 1,5 m) : 2,4 m (toutes dimensions)
Entoilage, de couleur blanche
(p. ex. G 405-10) : 1,1 m

DÉCOUPE DANS LE TISSU EXTÉRIEUR

Dos Hannelie long (SB 1) : 1x dans la pliure du tissu
Dos parmenture Katie (SB 1) : 1x dans la pliure du tissu
Ceinture Katie (SB 1) : 2x
Devant Katie (SB 1) : 2x
Jupe devant Katie (SB 1) : 2x
Devant parmenture Katie (SB 1) : 2x
Devant parmenture dessous Katie (SB 1) : 2x

DÉCOUPE DANS L'ENTOILAGE

Ceinture Katie (SB 1) : 2x
Devant parmenture Katie (SB 1) : 2x
Parmenture avant dessous Katie (SB 1) : 2x

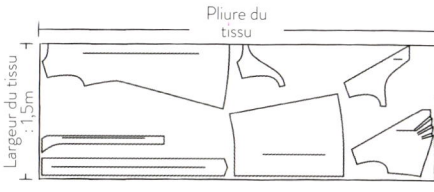

Marges de couture

Les marges de couture ne sont PAS comprises dans le patron. Ajouter 1,5 cm de marge de couture tout autour. Ajouter aussi 1,5 cm de marge de couture sur l'emmanchure, 3 cm sur l'ourlet de jupe.

❶ Répartir les plis sur le bustier avant et les fixer en faisant une courte faufilure. Fermer les coutures arrière à la taille. Surfiler les marges de couture ensemble et les repasser vers le bas dans la jupe.

❷ Coudre les coutures d'épaule et les coutures latérales. En cousant la couture latérale, laisser une petite fente sur le devant droit, entre les marquages. Ouvrir au fer les marges de couture et les surfiler individuellement. Repiquer au ras des bords l'ouverture à fente pour fixer les marges de couture.

❸ Plier dans la moitié les deux ceintures sur la longueur endroit contre endroit, les ourler (voir page 32) et les coudre entre les marquages sur le devant.

❹ Coudre les parmentures avant l'une sur l'autre. Repasser les marges de couture vers le bas et les surfiler ensemble. Poser la parmenture avant et arrière endroit contre endroit et fermer les coutures d'épaule et latérales. Ouvrir au fer les marges de couture et les surfiler individuellement. Surfiler le bord courbé de la parmenture.

❺ Coudre la parmenture le long de l'encolure et les bords avant endroit contre endroit sur le vêtement (voir page 36). Couper les marges de couture et retourner la parmenture vers l'intérieur. Sous-piquer les marges de couture au ras des bords (voir page 126) et repasser le bord.

❻ Comme pour la robe Valérie (voir page 110), saisir la robe par le bas et tirer les marges de couture de l'emmanchure extérieure et de l'emmanchure de la parmenture vers l'extérieur. Ourler l'emmanchure, couper les marges de couture et retourner le vêtement vers l'extérieur.

❼ Surfiler le pli de l'ourlet en faisant un ourlet simple (voir page 37).

MES BLOGS COUTURE ET DIY PRÉFÉRÉS

♥

♥ TWEED & GREET

tweedandgreet.de

La charmante Selmin raconte ses projets de couture, prodigue de nombreux conseils autour de la couture – du prélavage aux solutions de couture – et reste fidèle à son style unique.

♥ SQUEAKY SWING

squeakyswing.com

Stefanie coud, fait du crochet, cuisine et fait de la pâtisserie comme une championne. Par ailleurs, elle réalise des tenues magnifiques et très inspirées qui sont à chaque fois un régal pour les yeux.

♥ SEEMANNSGARN

seemannsgarn-handmade.de

Fredi est adorable ! Elle coud de jolis vêtements décontractés pour elle et son ami – dans des couleurs marines. Elle confectionne également des sacs et des accessoires, tels que des espadrilles.

♥ LULOVESHANDMADE

luloveshandmade.blogspot.de

La jolie Lu coud des sacs et des accessoires uniques, crochète des bandeaux et réalise de formidables illustrations à la main. Par ailleurs, elle vit dans l'appartement le plus lumineux et coloré que je connaisse !

♥ ELLE PULS

ellepuls.com

Elke coud de formidables vêtements pour elle et ses enfants. Je trouve particulièrement inspirants son style vestimentaire sobre et élégant dans des coloris discrets ainsi que les imprimés avec lesquels elle personnalise sa garde-robe confectionnée par ses soins.

♥ TILLY AND THE BUTTONS

tillyandthebuttons.com

Tilly conçoit des vêtements sobres et uniques. Dans des tutoriels pas à pas, elle explique le processus de couture, puis rassemble les pièces confectionnées par ses lectrices dans la « Maker Gallery ».

♥ COLETTE BLOG

blog.colettehq.com

Sarai et son équipe conçoivent des patrons individuels dans le style rétro. Sur leur blog, elles présentent leurs toutes dernières pièces préférées et partagent leur savoir-faire en matière de couture.

REMERCIEMENTS

♥

Un grand merci à...

♥ ... Heike Fröhlich des Éditions Michael Fischer pour son soutien et sa patience ! Ce fut une expérience merveilleuse de collaborer avec une personne toujours sur la même longueur d'onde que moi. Concrétiser ce projet avec vous m'a procuré un bonheur incommensurable !

♥ ... mes magnifiques mannequins et collègues blogueuses Liv (thank-you-for-eating.com), Vicky (vintagemaedchen. de) et Laura pour avoir pris la pose à des températures glaciales et pour leur patience lors des essayages. Vous êtes tout simplement super !

♥ ... la photographe Sophie Valentin pour les magnifiques photos qu'elle a prises des mannequins et pour être une personne si formidable.

♥ ... mes merveilleuses assistantes Maria Ebert, Alrike Gutsche et Jill Röbenack pour leur soutien lors des séances photos, nos nombreux rendez-vous goûters et leur oreille toujours attentive à mes soucis.

♥ ... ma formidable tutrice Christine Münch auprès de qui j'ai énormément appris sur la couture. J'ai beaucoup de chance que vous souteniez fièrement mes projets !

♥ ... mon extraordinaire mari Maik pour nous avoir préparé de bons petits plats, pour la patience dont il a fait preuve en écoutant mes nouveautés et tout simplement pour ce qu'il est.

♥ ... mes parents, mes grands-parents et mon frère Marcus pour leur soutien et leur motivation, même en période de stress. J'ai une chance inouïe de vous avoir à mes côtés.

♥ ... mes amis qui n'étaient jamais fâchés lorsque je devais leur faire faux bond. Je suis extrêmement reconnaissante de vous avoir.

♥ ... les lecteurs de mon blog, sans lesquels ce livre n'aurait pas vu le jour et qui me soutiennent même lorsque le blog est éhontément délaissé. Vous êtes les meilleurs !

♥ ... les sponsors :

- Stoffe.de

- Stoff&Co.

- Frau Tulpe

- Gütermann

- Freudenberg Einlagestoffe

... pour votre soutien sans faille !

À PROPOS DE L'AUTEUR

Bonjour, c'est Laura !

Après des études dans la mode à Schneeberg et en Suède, me voici de retour dans ma ville natale de Leipzig. Après avoir suivi une formation en couture et stylisme, j'ai ouvert début 2015 mon propre magasin spécialisé dans les robes de mariée (www.schleifenfaenger.de). Lorsque je ne suis pas devant ma machine à coudre, n'écris pas de livre ou ne suis pas en train de rouler à la campagne avec mon mari Maik sur notre mobylette Schwalbe, j'alimente mon blog tagtraeumerin.de sur la mode et le Do it yourself.

Je suis d'avis que les meilleures choses dans la vie sont faites maison. Un plat cuisiné par soi-même n'est-il pas meilleur qu'un repas avalé au fast food, les tables et armoires construites de ses propres mains ne sont-elles pas plus jolies que les meubles des grandes chaînes et un vêtement confectionné avec tout son amour n'est-il pas plus beau que celui acheté en magasin ? Mille fois plus !

Et pourquoi ? Parce que vous pouvez mettre à profit votre dextérité, mais également votre personnalité dans votre projet. Vous serez non seulement fière parce que vous aurez confectionné vous-même votre création, mais vous aimerez surtout ce vêtement car il vous correspondra bien plus qu'un vêtement que vous auriez acheté. Et, bien sûr, parce qu'il vous ira comme un gant, il dissimulera vos supposés points faibles et mettra en valeur ce que vous préférez chez vous ! Mes chères lectrices, lançons-nous dans une nouvelle et folle aventure ! Je m'en réjouis d'avance.

Laura

GLOSSAIRE

À RAS DES BORDS

Si une couture est surpiquée à ras des bords, cela signifie que la surpiqûre est réalisée entre 1 et 2 mm par rapport au bord.

ARMURE ATLAS

Il s'agit d'une armure brillante et légère qui est utilisée par exemple pour les tissus de satin et les doublures.

ARMURE TOILE

L'armure toile est le type de tissé le plus simple. Ici, les fils de chaîne et les fils de trame s'entrecroisent tour à tour par en haut ou par en bas afin de créer un type de structure de treillis, qui est parfois si fin qu'il n'est même plus visible à l'œil nu.

ARRÊT DE CORDON

Lorsqu'on tire un cordon à travers un tunnel, il est possible de fixer l'extrémité ouverte du cordon avec un arrêt de cordon. La largeur du cordon peut être réglée et, par exemple, la largeur de taille ou de col du vêtement peut être adaptée en appuyant sur le bouton de l'arrêt de cordon.

BIAIS

Un biais est une bande dotée de bords longitudinaux qui est coupée sur le droit fil oblique et qui s'étire donc un peu. Il est par conséquent parfaitement adapté pour border l'encolure ou l'ourlet.

COUPER

Si un bord est ourlé, les marges de couture doivent être coupées ou taillées avant d'être retournées. La plupart du temps, les marges de couture sont réduites d'environ 0,7 cm. En plus, le bord est doté – en fonction de la forme – de petites incisions transversales (voir pages 34 à 36).

CRANS

Les crans sont de petites incisions réalisées dans le tissu avec lesquelles on calque les repères transversaux du patron sur le tissu. En cousant ensemble les différentes pièces, les crans doivent exactement coïncider.

CROISÉ

Le croisé est un tissu agrémenté de fils obliques clairement visibles. Un tissu typique de ce genre est le denim ou le jean qui présentent tous deux des rayures obliques visibles bleues et blanches.

DROIT FIL

Le droit fil est généralement parallèle à la lisière. Si toutes les pièces du patron sont coupées sur le droit fil droit, il est ainsi garanti que les coutures ne se tordront ou ne se gondoleront pas ultérieurement. Le droit fil oblique (par exemple pour une rayure oblique) est perpendiculaire à un angle de 45° par rapport au droit fil.

EMBU

Dans un patron, l'embu correspond à la quantité de tissu qui est ajoutée aux données morphologiques pour garantir une liberté de mouvement. En cas de pièce découpée, comme la jupe ou la manche, l'embu correspond à la largeur supplémentaire par rapport à la pièce du patron adjacente, qui doit être répartie ou froncée en cousant.

EMMANCHURE

L'emmanchure désigne la partie latérale sur l'avant et le dos de la partie supérieure dans laquelle est cousue ultérieurement la manche ou qui est ourlée avec une parmenture ou une doublure lorsque le vêtement n'a pas de manches.

EMPIÈCEMENT

Un empiècement est une pièce de tissu posée ou fixée qui sert généralement de décoration

ENDROIT DU TISSU

L'endroit du tissu est le « bon » côté du tissu, c'est-à-dire le plus joli. Il est généralement reconnaissable parce qu'il brille plus ou que la structure ou le motif du tissu est facilement visible.

ENVERS DU TISSU

L'envers du tissu désigne le « mauvais » côté du tissu, c'est-à-dire le moins joli. Il est généralement reconnaissable parce qu'il brille moins ou que la structure ou le motif du tissu est difficilement visible.

FAUFILURE

Lorsqu'on souhaite fixer, temporairement uniquement, deux pièces de tissu l'une

sur l'autre ou éviter les glissements, il est possible de réaliser une faufilure au lieu d'utiliser des épingles. La faufilure peut être effectuée à la main en piquant l'aiguille dans le tissu de haut en bas, puis de nouveau vers le haut, à de grands intervalles. Cette couture peut également être réalisée à l'aide d'une grande piqûre de machine. Une telle couture peut également être utilisée pour froncer une pièce de tissu.

FIL À TOUT FAIRE

Le fil à tout faire est un fil à coudre en polyester de grosseur 100, qui convient à divers tissus et travaux de couture. Il peut être utilisé pour coudre, surfiler et réaliser des coutures élastiques.

FIL DE CHAÎNE

Les fils de chaîne sont les fils parallèles à la lisière sur un tissu tissé dans le sens de la longueur.

FIL DE FAUFILAGE

Le fil de faufilage est un fil facilement déchirable qui est utilisé pour la fixation temporaire uniquement et qui peut ensuite se retirer facilement.

FIL DE TRAME

Dans un tissu tissé, les fils de trame sont les fils qui sont fermés par le biais

des fils de chaîne lors de la confection. Par conséquent, ils sont placés transversalement par rapport à la lisière, à un angle de 90°.

FOND DE LA PINCE

C'est la quantité de tissu retirée d'une pince en cousant les lignes de pince l'une sur l'autre.

FRONCER

Si on souhaite répartir l'embu, par exemple sur la jupe ou au niveau du bustier d'une robe, il est alors possible de froncer le tissu. Pour cela, il faut coudre une couture d'un cran à l'autre ou d'une couture à l'autre en utilisant le plus grand point de la machine à coudre, puis tirer prudemment sur les extrémités du fil pour froncer le tissu. En cousant le bord froncé, il faut veiller à répartir uniformément les petits plis.

LARGEUR DU PIED-DE-BICHE

Pour les surpiqûres ou les coutures, la largeur du pied-de-biche sert souvent d'orientation. Veiller à ce que le bord du tissu épouse toujours parfaitement le bord extérieur du pied-de-biche.

LIGNE DE PINCE

Les pinces se composent la plupart du temps de deux courbes qui convergent en un point. Ces courbes sont appelées lignes de pince. Lors de la fermeture de la pince, les deux lignes sont cousues exactement l'une sur l'autre. Le début et l'extrémité sont fixés en faisant quelques points arrière.

LISIÈRE

Les lisières sont les bords extérieurs d'un tissu qui sont fixés lors du tissage et qui présentent donc la plupart du temps de petits trous. Le droit fil des pièces du patron est la plupart du temps parallèle à ces bords.

LONGUEUR DU POINT

La longueur du point correspond à la distance entre les différents points. Une plus petite longueur de point doit être choisie pour les coins et les arrondis et une plus grande pour les surpiqûres. Toutes les autres coutures sont cousues avec une longueur de point entre 2 et 3 mm.

MARGES DE COUTURE

Lorsqu'on effectue une couture, il est nécessaire de laisser du tissu en plus vers l'extérieur pour fixer les pièces de tissu l'une sur l'autre et pour empêcher que le tissu ne s'effiloche. Cette marge – mesurée de la ligne de couture vers l'extérieur – correspond à la marge de couture. Pour tous les projets décrits dans ce livre, les marges de couture doivent être ajoutées en plus.

OURLER

Ourler revient à surfiler un bord ouvert avec une pièce distincte qui est cousue. Les marges de couture sont ensuite recoupées et le bord ourlé est retourné vers l'extérieur.

OURLETS ZIGZAG

Un ourlet zigzag est un ruban tissé spécial qui prend la forme d'un zigzag, qui peut être fin ou plus large. Les ourlets zigzag sont parfaitement adaptés sur des bords d'ourlet ou de découpe, mais peuvent aussi être pris dans la couture en ourlant le col ou les manchettes de sorte que seule la moitié de l'ourlet zigzag reste visible.

OVERLOCK

Une machine spéciale qui coud et surfile en même temps les coutures élastiques. Ce point peut néanmoins aussi être utilisé sur des tissus non élastiques pour le surfilage et pour couper les marges de couture à la longueur souhaitée avec le couteau intégré. Il est de plus grande qualité que le point zigzag et borde durablement les bords de tissu ouverts.

PARMENTURE

Une parmenture est une pièce de patron formée qui est utilisée pour ourler les bords des emmanchures, des encolures ou des doublures.

PASSEPOIL

Un passepoil est un petit bourrelet qui dépasse entre deux pièces de tissu. Il est possible de fabriquer soi-même un passepoil en déposant un fin cordon dans un biais divisé en deux dans la longueur et en cousant au ras des bords le long du cordon avec un demi-pied-de-biche afin de le fixer au milieu du biais. Le passepoil est ensuite piqué, par exemple en ourlant le col supérieur et inférieur.

PINCE

Une entretoile cousue à l'intérieur d'un vêtement qui sert à équilibrer la différence de largeur entre la taille et les hanches ou la taille et la poitrine.

PIQÛRE D'ORNEMENTATION

Une piqûre d'ornementation est une piqûre qui n'est pas importante pour la cohésion d'un vêtement, mais qui a une fonction purement décorative. Fait par exemple partie de cette catégorie → la surpiqûre.

POINT ARRIÈRE

Pour les coutures réalisées à la machine, les points arrière représentent les points cousus trois fois les uns sur les autres au début et à la fin pour que les coutures ne se décousent pas. En cas de coutures à la main, un point arrière est un point pour lequel on ne travaille pas vers l'avant comme pour une faufilure. Ici, l'aiguille est guidée de l'avant vers l'arrière à travers le tissu. L'aiguille est piquée dans le tissu environ 0,5 cm derrière le point arrière. Sur l'envers, le fil est ensuite guidé vers l'avant puis piqué environ

0,5 cm avant le dernier point à travers le tissu vers l'extérieur.

POINT INVISIBLE

Le point invisible est un point à la main avec lequel les bords peuvent être fixés de façon invisible depuis l'extérieur (voir page 44). Il est par exemple utilisé pour fixer les bords intérieurs d'une parmenture sur la fermeture Éclair.

POINT ZIGZAG

Un point qui, comme son nom l'indique, prend la forme d'un zigzag de gauche à droite, et inversement. Ce point est adapté aux coutures de surfilage, mais également pour poser des garnitures et surfiler les bords par exemple.

RÉGLETTE

Une petite règle en plastique avec des coins perpendiculaires, qu'on peut utiliser à merveille pour marquer des boutonnières.

RÉSORBER

Résorber revient à répartir l'embu tout en cousant, sans insérer de plis apparents. Un pli de tissu est légèrement plissé tandis que l'autre est légèrement étiré.

SOUS-PIQUER

Pour que les coutures ourlées, par exemple sur l'ouverture de poche ou la parmenture de col, tombent bien, il faut les couper puis les sous-piquer. Pour

cela, il faut disposer les marges de couture sur le côté qui se trouvera ensuite à l'intérieur, et les piquer au ras des bords en partant de la droite.

SURFILER

Pour que les marges de couture ne s'effilochent pas en portant ou en lavant le vêtement, elles doivent être surfilées. Le surfilage est généralement réalisé avec un point overlock ou zigzag.

SURPIQUER

Une surpiqûre est une couture visible, généralement réalisée avec un fil contrastant et une longueur de point plus grande. Après avoir cousu et surfilé une couture par la gauche, cette dernière est repassée d'un côté. Puis la couture est surpiquée en parallèle par la droite de sorte que la marge de couture soit placée sur le bord inférieur.

SURPIQÛRE

Voir → Surpiquer.

TÊTE DE MANCHE

La partie supérieure et arquée de la manche est désignée comme la tête de manche. En cousant cette section, il est important que les crans latéraux de la manche épousent exactement les crans correspondants de l'emmanchure. Il convient également de veiller à répartir uniformément l'embu. Le cran central de la tête de manche doit coïncider exactement avec la couture d'épaule.

TRICOT

Si un tissu est composé de mailles – qu'elles soient grosses ou fines –, il s'agit d'un tricot. Font partie de cette catégorie les grosses mailles ainsi que les sweats et le jersey plus fin.

MENTIONS LÉGALES

© 2016 Edition Michael Fischer GmbH
www.emf-verlag.de
Titre original : *1 Schnitt 10 Kleider*
© 2017 Éditions Glénat

La traduction de *1 Schnitt 10 Kleider*, ouvrage publié pour la première fois en 2016
par les Editions Michael Fischer GmbH, a été publiée par l'intermédiaire
de Silke Bruenink Agency, Munich, Allemagne.

Edition allemande :
Maquette et couverture : Verena Raith
Rédaction : Heike Fröhlich
Relecture : Ute Wielandt, Baar-Ebenhausen

Crédits photographiques :
© Laura Hertel, l'exception de la page 123 © Leonore Rost,
et de l'illustration page 45 : Leeloo Molnár.

Éditions Glénat
Couvent Sainte-Cécile
37 rue Servan
38000 Grenoble

Direction éditoriale : David Kings
Édition : Camille Bouchez
Traduction : Audrey Pangrazzi
Mise en page : Véronique Vagneur

Achevé d'imprimer en janvier 2017 en Asie.
Dépôt légal : mai 2017
ISBN : 978-2-344-02128-6